DET ULTIMATIVE MELLEMØSTLIGE KOGEBOG

Nyd 100 rige smag af mellemøstlig køkken

Aidas Kardauskas

Copyright materiale ©2024

Alle rettigheder forbeholdes

Ingen del af denne bog må bruges eller transmitteres i nogen form eller på nogen måde uden korrekt skriftligt samtykke fra udgiveren og copyright-indehaveren, bortset fra korte citater brugt i en anmeldelse. Denne bog bør ikke betragtes som en erstatning for medicinsk, juridisk eller anden professionel rådgivning.

INDHOLDSFORTEGNELSE

INDHOLDSFORTEGNELSE **3**
INTRODUKTION **6**
MORGENMAD **7**
    1. RØD PEBER & BAGTE ÆGGALETTER 8
    2. ACHARULI KHACHAPURI 11
    3. SHAKSHUKA 14
    4. BRAISERET ÆG MED LAM, TAHINI OG SUMAK 16
FORRETTER **19**
    5. GRUNDLÆGGENDE HUMMUS 20
    6. HUMMUS KAWARMA (LAM) MED CITRONSAUCE 22
    7. MURSTEN 25
    8. SFIHA ELLER LAHM BI'AJEEN 27
    9. FALAFEL 30
    10. A'JA (BRØDFRITTER) 33
    11. CHARD FRITTER 35
    12. MUSABAHA (VARME KIKÆRTER MED HUMMUS) & RISTET PITA ... 37
    13. LAMMEFYLDT KVÆDE MED GRANATÆBLE OG KORIANDER 40
    14. LATKES 43
    15. MAJROE & KALVEKØD "KAGE" 45
    16. FYLDTE LØG 48
    17. ÅBN KIBBEH 51
    18. HAKKET LEVER 54
    19. KUBBEH HAMUSTA 57
    20. FYLDTE ROMANO PEBER 61
    21. FYLDT AUBERGINE MED LAM OG PINJEKERNER 64
    22. FYLDTE KARTOFLER 67
    23. FYLDTE ARTISKOKKER MED ÆRTER OG DILD 70
HOVEDRET **73**
    24. RISTEDE SØDE KARTOFLER & FRISKE FIGNER 74
    25. NA'AMA ER FEDTET 77
    26. URTETÆRTE 80
    27. BRÆNDT AUBERGINE MED STEGT LØG 83
    28. BRÆNDT BUTTERNUT SQUASH MED ZA'ATAR 86
    29. FAVA BEAN KUKU 88
    30. CITRONAGTIGE PORREFRIKADELLER 91
    31. RODFRUGTSLAW MED LABNEH 94
    32. STEGTE TOMATER MED HVIDLØG 96
    33. CHERMOULA AUBERGINE MED BULGUR & YOGHURT 98
    34. STEGT BLOMKÅL MED TAHIN 101
    35. MELLEMØSTLIG BLANDET GRILL 104
    36. BRAISERET VAGTLER MED ABRIKOSER OG TAMARIND 106

37.	STEGT KYLLING MED CLEMENTINER	109
38.	STEGT KYLLING MED JORDSKOK	112
39.	POCHERET KYLLING MED FREEKEH	115
40.	KYLLING MED LØG & KARDEMOMMERIS	118
41.	SAFRAN KYLLING & URTESALAT	121
42.	KYLLING SOFRITO	124
43.	KOFTA B'SINIYAH	127
44.	OKSEKØDFRIKADELLER MED FAVA BØNNER OG CITRON	130
45.	LAMMEFRIKADELLER MED BARBERRIES, YOGHURT & URTER	133
46.	KALKUN & ZUCCHINI BURGERE MED GRØNT LØG & SPIDSKOMMEN	136
47.	LANGSOMT TILBEREDT KALVEKØD MED SVESKER OG PORRE	139
48.	LAMMESHAWARMA	142
49.	PANSTEGT HAVABORRE MED HARISSA & ROSE	145
50.	FISK OG KAPERS KEBAB MED BRÆNDT AUBERGINE OG CITRONSYLTE	148
51.	PANSTEGT MAKREL MED GYLDEN ROER & APPELSINSALSA	151
52.	TORSKEKAGER I TOMATSAUCE	154
53.	GRILLEDE FISKESPYD MED HAWAYEJ & PERSILLE	157
54.	REJER, KAMMUSLINGER OG MUSLINGER MED TOMAT OG FETA	160
55.	LAKSESTEAKS I CHRAIMEH-SAUCE	163
56.	MARINERET SØD OG SUR FISK	166
57.	BUTTERNUT SQUASH & TAHINI SPREAD	169
58.	POLPETTONE	171
59.	FORKULLEDE OKRA MED TOMAT	175
60.	BRÆNDT AUBERGINE MED GRANATÆBLEKERNER	177
61.	TABBOULEH	180
62.	BRÆNDTE KARTOFLER MED KARAMEL OG SVESKER	182
63.	CHARD MED TAHINI, YOGHURT & SMØREDE PINJEKERNER	185
64.	SAFRANRIS MED BERBERBÆR, PISTACIE OG BLANDEDE URTER	188
65.	SABIH	191
66.	MEJADRA	194
67.	HVEDEBÆR & CHARD MED GRANATÆBLEMELASSE	197
68.	BALILAH	199
69.	BASMATIRIS OG ORZO	201
70.	BASMATI & VILDE RIS MED KIKÆRTER, RIBS OG URTER	203
71.	BYGRISOTTO MED MARINERET FETA	206
72.	CONCHIGLIE MED YOGHURT, ÆRTER OG CHILE	209
73.	MAQLUBA	211
74.	COUSCOUS MED TOMAT OG LØG	215

SALATER 218

75.	BABY SPINATSALAT MED DADLER OG MANDLER	219
76.	RÅ ARTISKOK & URTESALAT	221
77.	PERSILLE & BYG SALAT	223
78.	BLANDET BØNNESALAT	225
79.	KOHLRABI SALAT	228

80.	Krydret gulerodssalat	230
81.	Frikasse salat	232
82.	Krydrede kikærter & grøntsagssalat	235
83.	Chunky zucchini & tomatsalat	238
84.	Krydret rødbede-, porre- og valnøddesalat	241
85.	Ristet blomkål & hasselnøddesalat	244

SUPPER 246

86.	Brøndkarse & kikærtesuppe med rosenvand	247
87.	Varm yoghurt & bygsuppe	250
88.	Cannellini bønne- og lammesuppe	252
89.	Fisk og skaldyr & fennikelsuppe	255
90.	Pistacie suppe	258
91.	Brændt aubergine & Mograbieh suppe	261
92.	Tomat & surdejssuppe	264
93.	Klar kyllingesuppe med knaidlach	266
94.	Krydret freekeh suppe med frikadeller	269

DESSERT 272

95.	Søde Filo Cigarer	273
96.	Purerede rødbeder med yoghurt og za'atar	275
97.	Ka'ach Bilmalch	277
98.	Burekas	280
99.	Ghraybeh	283
100.	Mutabbaq	285

KONKLUSION 288

INTRODUKTION

Tag på en kulinarisk odyssé, der overskrider tid og grænser, når vi inviterer dig til at udforske det pulserende gobelin af smag i "DET ULTIMATIVE MELLEMØSTLIGE KOGEBOG". Inden for siderne i dette gastronomiske mesterværk dykker vi dybt ind i hjertet af det mellemøstlige køkken og præsenterer en fristende række af 100 opskrifter, der indkapsler rigdommen og mangfoldigheden af denne gamle kulinariske tradition.

Forestil dig aromaerne af eksotiske krydderier, der svæver gennem travle markedspladser, syren af kød på åbne griller og den varme gæstfrihed, der definerer mellemøstlig spisning. Fra Middelhavets solbeskinnede kyster til de krydderifyldte basarer på Den Arabiske Halvø er denne kogebog dit pas til at nyde den karakteristiske og fængslende smag, der er blevet perfektioneret gennem århundreder.

Vores kulinariske rejse strækker sig ud over opskrifternes område; det er en fejring af den kulturelle arv, traditioner og det kunstneriske i mellemøstlig madlavning. Hver ret er et mesterværk i sig selv, der fortæller en historie om regionale påvirkninger, familiære traditioner og en dyb forbindelse til landet.

Uanset om du er en håbefuld hjemmekok, der er ivrig efter at genskabe Mellemøstens autentiske smag, eller en erfaren kulinarisk opdagelsesrejsende, der søger at udvide dit repertoire, er disse opskrifter omhyggeligt sammensat til at guide dig gennem de indviklede nuancer i det mellemøstlige køkken. Så slutt dig til os, når vi begiver os ud på dette smagfulde eventyr, hvor hver side udfolder et nyt kapitel i det rige gobelin i "Den ultimative mellemøstlige kogebog".

MORGENMAD

1. **Rød peber & bagte æggaletter**

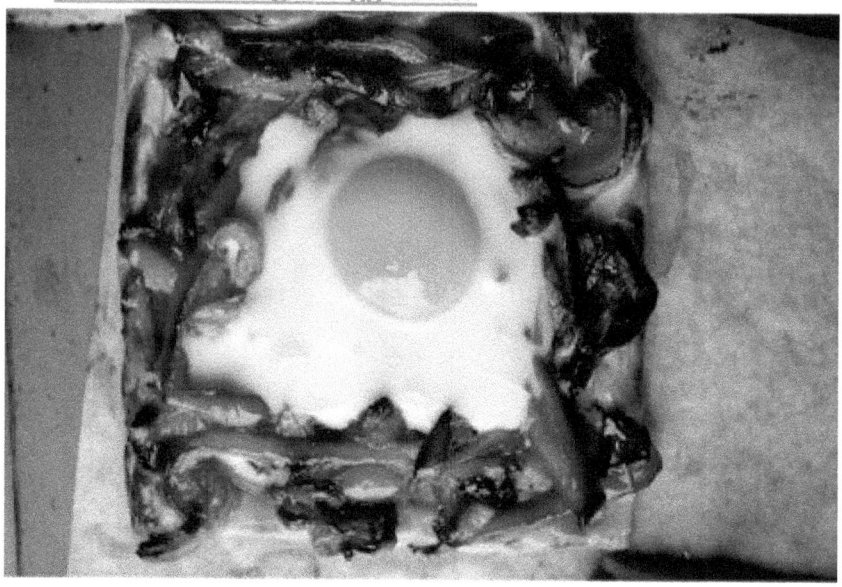

Gør: 4

INGREDIENSER
- 4 mellemstore røde peberfrugter, halveret, frøet og skåret i strimler ⅜ tomme / 1 cm brede
- 3 små løg, halveret og skåret i tern ¾ tomme / 2 cm brede
- 4 timiankviste, blade plukket og hakket
- 1½ tsk stødt koriander
- 1½ tsk stødt spidskommen
- 6 spsk olivenolie, plus ekstra til slut
- 1½ spsk fladbladede persilleblade, groft hakket
- 1½ spsk korianderblade, groft hakket
- 9 oz / 250 g smørdej af bedste kvalitet
- 2 spsk / 30 g creme fraiche
- 4 store fritgående æg (eller 160 g fetaost, smuldret), plus 1 æg, let pisket
- salt og friskkværnet sort peber

INSTRUKTIONER
a) Forvarm ovnen til 400°F / 210°C. I en stor skål blandes peberfrugt, løg, timianblade, hakkede krydderier, olivenolie og et godt nip salt sammen. Bred ud i en bradepande og steg i 35 minutter under omrøring et par gange under tilberedningen. Grøntsagerne skal være bløde og søde, men ikke for sprøde eller brune, da de vil koge videre. Tag ud af ovnen og rør halvdelen af de friske krydderurter i. Smag til krydderier og stil til side. Skru ovnen op til 425°F / 220°C.

b) På en let meldrysset overflade rulles butterdejen ud til en 12-tommer / 30 cm firkant omkring ⅛ tomme / 3 mm tyk og skæres i fire 6-tommer / 15 cm firkanter. Prik firkanterne over det hele med en gaffel og læg dem med god afstand på en bageplade beklædt med bagepapir. Lad hvile i køleskabet i mindst 30 minutter.

c) Tag dejen ud af køleskabet og pensl toppen og siderne med sammenpisket æg. Brug en forskudt spatel eller bagsiden af en ske til at fordele 1½ teskefuld creme fraiche over hver firkant, efterlad en ¼-tommer / 0,5 cm kant rundt om kanterne. Arranger 3 spiseskefulde af peberblandingen oven på firkanterne med cremefraiche, og lad kanterne stå klare til at hæve. Det skal fordeles nogenlunde jævnt, men efterlad en lav brønd i midten til at holde på et æg senere.

d) Bag galetterne i 14 minutter. Tag bagepladen ud af ovnen og knæk forsigtigt et helt æg i brønden i midten af hver wienerbrød. Sæt dem tilbage i ovnen og steg i yderligere 7 minutter, indtil æggene netop er sat. Drys med sort peber og de resterende krydderurter og dryp med olie. Server med det samme.

2. Acharuli khachapuri

Gør: 6
INGREDIENSER
DEJ
- 2 kopper / 250 g brødmel
- 1½ tsk hurtigt stigende aktiv tørgær
- 1 stort fritgående æg, pisket
- ½ kop / 110 g græsk yoghurt
- ¼ kop / 60 ml lunkent vand
- ½ tsk salt

FYLDNING
- 1½ oz / 40 g halloumi ost, skåret i ¼-tommer / 0,5 cm terninger
- 2 spsk / 20 g smuldret fetaost
- ¼ kop / 60 g ricottaost
- ¼ kop / 60 g ricottaost
- ¼ tsk stødt sort peber
- ⅛ tsk salt plus ekstra til slut
- ½ spsk hakket timian plus ekstra til at drysse
- ½ spsk za'atar
- revet skal af ½ citron
- 6 store fritgående æg
- olivenolie, til servering

INSTRUKTIONER
a) Start med dejen. Sigt melet i en stor røreskål og tilsæt gæren. Bland let. Lav en brønd i midten og hæld halvdelen af ægget i (behold den anden halvdel for at pensle rullerne senere), yoghurt og det lunkne vand. Drys saltet rundt om brønden.
b) Begynd at røre blandingen, tilsæt en brøkdel mere vand, hvis det er nødvendigt (ikke meget; denne dej skal være tør), indtil alt er samlet i en grov dej. Overfør til en arbejdsflade og ælt i hånden i 10 minutter, indtil du har en blød, elastisk dej, der ikke er klistret. Kom dejen tilbage i skålen, dæk med et viskestykke, og lad den hæve ved stuetemperatur, indtil den er fordoblet i størrelse, 1 til 1½ time.

c) Ælt igen for at slå luften ud. Del dejen i 6 lige store portioner og rul hver til en kugle. Læg den på en let meldrysset overflade, dæk med et håndklæde og lad den hæve i 30 minutter.

d) For at forberede fyldet skal du kombinere alle ingredienserne undtagen æggene og olivenolie og røre godt. Sæt en bageplade i ovnen og forvarm til 425°F / 220°C.

e) På en godt meldrysset overflade rulles dejkuglerne til cirkler på 16 cm i diameter og ca. 2 mm tykke. Det kan du gøre med en kagerulle eller ved at strække den med hænderne.

f) Hæld cirka en sjettedel af ostefyldet på midten af hver cirkel og fordel det lidt til venstre og højre, så det næsten når cirklens to kanter. Tag højre og venstre side mellem fingrene og klem dem, mens du strækker dejen lidt for at skabe en aflang, bådformet wienerbrød med osten i midten. Ret sidevæggene ud, og prøv at gøre dem mindst 3 cm høje og brede, så der er plads nok i midten til at holde osten såvel som hele ægget, der skal tilføjes senere. Klem enderne sammen igen, så de ikke åbner sig under tilberedningen.

g) Pensl rullerne med det resterende halve æg og læg dem på en plade med bagepapir på størrelse med din bageplade. Drys nogle timianblade over rullerne. Tag bagepladen ud af ovnen, læg hurtigt bagepapir og ruller på panden, og sæt formen direkte tilbage i ovnen. Bages i 15 minutter, indtil kanterne har fået en gylden brun farve.

h) Tag bagepladen ud af ovnen. Bræk et æg i en lille kop. Uden at knække den, løft forsigtigt blommen med fingrene og læg den i midten af en af rullerne. Hæld så meget af æggehviden i, der passer, og gentag derefter med de resterende æg og rundstykker. Bare rolig, hvis noget æggehvide vælter ud; det er alt sammen en del af den rustikke charme. Sæt gryden tilbage i ovnen og bag i 5 minutter. Æggehviderne skal stivne, og blommerne skal forblive flydende. Lad det køle af i 5 minutter, før du drypper med olivenolie, drysser med salt og serverer.

3. <u>Shakshuka</u>

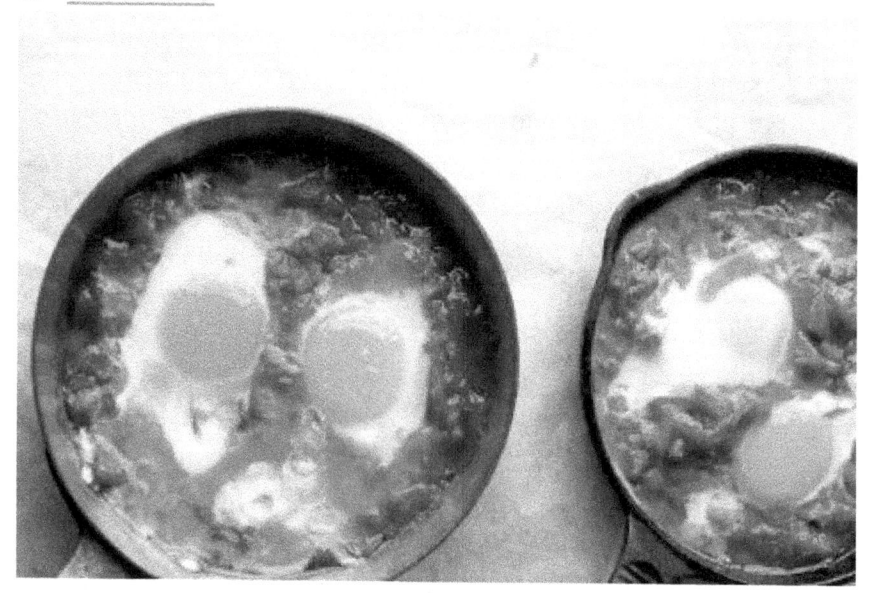

Gør: 2 TIL 4

INGREDIENSER
- 2 spsk olivenolie
- 2 spsk Pilpelchuma eller harissa (købt eller se opskrift)
- 2 tsk tomatpure
- 2 store røde peberfrugter, skåret i ¼-tommer / 0,5 cm terninger (2 kopper / 300 g i alt)
- 4 fed hvidløg, finthakket
- 1 tsk stødt spidskommen
- 5 store, meget modne tomater, hakkede (5 kopper / 800 g i alt); dåse er også fint
- 4 store fritgående æg plus 4 æggeblommer
- ½ kop / 120 g labneh (købt eller se opskrift) eller tyk yoghurt
- salt

INSTRUKTIONER
a) Varm olivenolien op i en stor stegepande over middel varme og tilsæt pilpelchuma eller harissa, tomatpure, peberfrugt, hvidløg, spidskommen og ¾ tsk salt. Rør og kog over medium varme i cirka 8 minutter, så peberfrugterne bliver bløde. Tilsæt tomaterne, lad det koge let og kog i yderligere 10 minutter, indtil du har en ret tyk sauce. Smag til krydderier.
b) Lav 8 små dip i saucen. Knæk forsigtigt æggene og hæld dem forsigtigt i hver sin dip. Gør det samme med blommerne. Brug en gaffel til at hvirvle æggehviderne lidt sammen med saucen, pas på ikke at knække blommerne. Lad det simre forsigtigt i 8 til 10 minutter, indtil æggehviderne er sat, men blommerne stadig er flydende (du kan dække gryden med et låg, hvis du vil fremskynde processen).
c) Fjern fra varmen, lad stå i et par minutter for at sætte sig, hæld derefter i individuelle tallerkener og server med labneh eller yoghurt.

4. Braiseret æg med lam, tahini og sumak

Gør: 4

INGREDIENSER
- 1 spsk olivenolie
- 1 stort løg, finthakket (1¼ kopper / 200 g i alt)
- 6 fed hvidløg, skåret i tynde skiver
- 10 oz / 300 g hakket lam
- 2 tsk sumac, plus ekstra til slut
- 1 tsk stødt spidskommen
- ½ kop / 50 g ristede usaltede pistacienødder, knuste
- 7 spsk / 50 g ristede pinjekerner
- 2 tsk harissa pasta (købt i butikken eller se opskrift)
- 1 spsk finthakket konserveret citronskal (købt eller se opskrift)
- 1⅓ kopper / 200 g cherrytomater
- ½ kop / 120 ml hønsefond
- 4 store fritgående æg
- ¼ kop / 5 g plukkede korianderblade eller 1 spsk Zhoug
- salt og friskkværnet sort peber

YOGHURTSAUCE
- ½ kop / 100 g græsk yoghurt
- 1½ spsk / 25 g tahini pasta
- 2 spsk friskpresset citronsaft
- 1 spsk vand

INSTRUKTIONER

a) Varm olivenolien op ved middelhøj varme i en mellemstor, tykbundet stegepande, som du har et tætsluttende låg til. Tilsæt løg og hvidløg og svits i 6 minutter for at blødgøre og farve lidt. Hæv varmen til høj, tilsæt lammet og brun godt, 5 til 6 minutter. Smag til med sumak, spidskommen, ¾ tsk salt og lidt sort peber og kog i endnu et minut. Sluk for varmen, rør nødder, harissa og konserveret citron i og stil til side.

b) Mens løget koger, opvarmes en separat lille støbejerns- eller anden tung pande over høj varme. Når de er rygende varme, tilsæt cherrytomater og char i 4 til 6 minutter, og vend dem i gryden af og til, indtil de er lidt sorte på ydersiden. Sæt til side.

c) Tilbered yoghurtsaucen ved at piske alle ingredienserne sammen med en knivspids salt. Den skal være tyk og fyldig, men du skal muligvis tilføje en skvæt vand, hvis den er stiv.

d) Du kan lade kødet, tomaterne og saucen stå på dette tidspunkt i op til en time. Når du er klar til servering, opvarmer du kødet igen, tilsætter hønsefond og bringer det i kog. Lav 4 små brønde i blandingen og knæk et æg i hver brønd. Dæk gryden til og kog æggene ved svag varme i 3 minutter. Læg tomaterne ovenpå, undgå æggeblommerne, læg låg på igen og kog i 5 minutter, indtil æggehviderne er kogte, men æggeblommerne stadig er flydende.

e) Fjern fra varmen og dryp med klatter af yoghurtsaucen, drys med sumac, og afslut med koriander. Server med det samme.

FORRETTER

5. Grundlæggende hummus

Gør: 6

INGREDIENSER
- 1¼ kopper / 250 g tørrede kikærter
- 1 tsk bagepulver
- 6½ kopper / 1,5 liter vand
- 1 kop plus 2 spsk / 270 g lys tahinipasta
- 4 spsk friskpresset citronsaft
- 4 fed hvidløg, knust
- 6½ spsk / 100 ml iskoldt vand
- salt

INSTRUKTIONER

a) Aftenen før lægges kikærterne i en stor skål og dæk dem med koldt vand mindst det dobbelte af deres volumen. Lad trække natten over.

b) Dagen efter drænes kikærterne. Stil en medium gryde over høj varme og tilsæt de afdryppede kikærter og natron. Kog i cirka 3 minutter, under konstant omrøring. Tilsæt vandet og bring det i kog. Kog, skum af skum og skind, der flyder op til overfladen. Kikærterne skal koge mellem 20 og 40 minutter, afhængig af type og friskhed, nogle gange endda længere. Når de er færdige, skal de være meget møre og let gå i stykker, når de trykkes mellem tommelfinger og finger, næsten men ikke helt grødet.

c) Dræn kikærterne. Du skal have cirka 3⅔ kopper / 600 g nu. Kom kikærterne i en foodprocessor og forarbejd indtil du får en stiv pasta. Tilsæt derefter tahinipasta, citronsaft, hvidløg og 1½ tsk salt, mens maskinen stadig kører. Dryp til sidst langsomt det iskolde vand i og lad det blande i cirka 5 minutter, indtil du får en meget glat og cremet pasta.

d) Kom hummusen over i en skål, dæk overfladen med plastfolie, og lad den hvile i mindst 30 minutter. Hvis den ikke bruges med det samme, så stil den på køl, indtil den skal bruges. Sørg for at tage den ud af køleskabet mindst 30 minutter før servering.

6. Hummus Kawarma (lam) med citronsauce

Gør: 6

INGREDIENSER
KAWARMA
- 10½ oz / 300 g nakkefilet af lammekød, finthakket i hånden
- ¼ tsk friskkværnet sort peber
- ¼ tsk friskkværnet hvid peber
- 1 tsk stødt allehånde
- ½ tsk stødt kanel
- godt nip friskrevet muskatnød
- 1 tsk knuste tørrede za'atar eller oregano blade
- 1 spsk hvidvinseddike
- 1 spsk hakket mynte
- 1 spsk hakket fladbladet persille
- 1 tsk salt
- 1 spsk usaltet smør eller ghee
- 1 tsk olivenolie

CITRONSAUCE
- ⅓ oz / 10 g fladbladet persille, finthakket
- 1 grøn chili, finthakket
- 4 spsk friskpresset citronsaft
- 2 spsk hvidvinseddike
- 2 fed hvidløg, knust
- ¼ tsk salt

INSTRUKTIONER

a) For at lave kawarmaen skal du placere alle ingredienserne bortset fra smør eller ghee og olie i en mellemstor skål. Bland godt, dæk til og lad blandingen marinere i køleskabet i 30 minutter.

b) Lige inden du skal tilberede kødet, læg alle ingredienserne til citronsaucen i en lille skål og rør godt rundt.

c) Varm smør eller ghee og olivenolien op i en stor stegepande ved middelhøj varme. Tilsæt kødet i to eller tre omgange og rør rundt, mens du steger hver omgang i 2 minutter. Kødet skal være lyserødt i midten.

d) Fordel hummusen i 6 individuelle lave skåle, efterlad en lille hul i midten af hver. Hæld den varme kawarma i fordybningen og drys med de reserverede kikærter.

e) Dryp rigeligt med citronsaucen og pynt med lidt persille og pinjekernerne.

7. Mursten

Gør: 2

INGREDIENSER
- ca. 1 kop / 250 ml solsikkeolie
- 2 cirkler feuilles de mursten wienerbrød, 10 til 12 tommer / 25 til 30 cm i diameter
- 3 spsk hakket fladbladet persille
- 1½ spsk hakket grønt løg, både grønne og hvide dele
- 2 store fritgående æg
- salt og friskkværnet sort peber

INSTRUKTIONER
a) Hæld solsikkeolien i en mellemstor gryde; den skal komme ca. ¾ tomme / 2 cm op ad grydens sider. Sæt over medium varme og lad det stå, indtil olien er varm. Du vil ikke have det for varmt, ellers brænder bagværket, før ægget er kogt; små bobler vil begynde at dukke op, når den når den rigtige temperatur.
b) Placer en af wienerbrødscirklerne i en lav skål. (Du kan bruge et større stykke, hvis du ikke vil spilde meget wienerbrød og fylde mere.) Du skal arbejde hurtigt, så dejen ikke tørrer ud og bliver stiv. Kom halvdelen af persillen i midten af cirklen og drys halvdelen af det grønne løg over. Lav en lille rede, hvor du kan hvile et æg, og knæk derefter forsigtigt et æg ind i reden. Drys rigeligt med salt og peber, og fold siderne af bagværket ind for at skabe en pakke. De fire folder vil overlappe hinanden, så ægget er helt lukket. Du kan ikke forsegle dejen, men en pæn fold skal holde ægget inde.
c) Vend forsigtigt pakken om og læg den forsigtigt i olien med forseglingssiden nedad. Kog i 60 til 90 sekunder på hver side, indtil dejen er gyldenbrun. Æggehviden skal være sat og blommen stadig flydende. Løft den kogte pakke fra olien og læg den mellem køkkenrulle for at opsuge den overskydende olie. Hold varmen, mens du tilbereder den anden wienerbrød. Server begge pakker på én gang.

8. Sfiha eller Lahm Bi'ajeen

Gør: OM 14 KAGER

TOPPING

INGREDIENSER
- 9 oz / 250 g hakket lam
- 1 stort løg, finthakket (1 dynger kop / 180 g i alt)
- 2 mellemstore tomater, fint hakkede (1½ kopper / 250 g)
- 3 spsk lys tahini pasta
- 1¼ tsk salt
- 1 tsk stødt kanel
- 1 tsk stødt allehånde
- ⅛ tsk cayennepeber
- 1 oz / 25 g fladbladet persille, hakket
- 1 spsk friskpresset citronsaft
- 1 spsk granatæble melasse
- 1 spsk sumac
- 3 spsk / 25 g pinjekerner
- 2 citroner, skåret i tern

DEJ
- 1⅔ kopper / 230 g brødmel
- 1½ spsk mælkepulver
- ½ spsk salt
- 1½ tsk hurtigt stigende aktiv tørgær
- ½ tsk bagepulver
- 1 spsk sukker
- ½ kop / 125 ml solsikkeolie
- 1 stort fritgående æg
- ½ kop / 110 ml lunkent vand
- olivenolie, til børstning

INSTRUKTIONER

a) Start med dejen. Kom mel, mælkepulver, salt, gær, bagepulver og sukker i en stor røreskål. Rør godt for at blande, og lav derefter en brønd i midten. Kom solsikkeolie og æg i brønden, og rør derefter, mens du tilføjer vandet. Når dejen er samlet, overføres den til en arbejdsflade og æltes i 3 minutter, indtil den er elastisk og ensartet. Kom i en skål, pensl med lidt olivenolie, dæk med et håndklæde et lunt sted, og lad det stå i 1 time, hvorefter dejen skulle have hævet lidt.

b) I en separat skål skal du bruge dine hænder til at blande alle ingredienserne til toppingen med undtagelse af pinjekerner og citronbåde. Sæt til side.

c) Forvarm ovnen til 450°F / 230°C. Beklæd en stor bageplade med bagepapir.

d) Del den hævede dej i 2-oz / 50g kugler; du skal have omkring 14. Rul hver kugle ud til en cirkel på ca. 5 tommer / 12 cm i diameter og ⅙ tomme / 2 mm tyk. Pensl hver cirkel let på begge sider med olivenolie og læg den på bagepladen. Dæk til og lad hæve i 15 minutter.

e) Brug en ske til at fordele fyldet mellem kagerne, og fordel det jævnt, så det dækker dejen helt. Drys med pinjekernerne. Sæt til side til hævning i yderligere 15 minutter, og sæt derefter i ovnen i cirka 15 minutter, indtil den er lige gennemstegt. Du vil sikre dig, at wienerbrødet bare er bagt, ikke overbagt; toppingen skal være let rosa indeni og bagværket gyldent på undersiden. Tag ud af ovnen og server lun eller ved stuetemperatur med citronbåde.

9. Falafel

Gør: circa 20 bolde

INGREDIENSER
- 1¼ kopper / 250 g tørrede kikærter
- ½ mellemstort løg, finthakket (½ kop / 80 g i alt)
- 1 fed hvidløg, knust
- 1 spsk finthakket fladbladet persille
- 2 spsk finthakket koriander
- ¼ tsk cayennepeber
- ½ tsk stødt spidskommen
- ½ tsk stødt koriander
- ¼ tsk stødt kardemomme
- ½ tsk bagepulver
- 3 spsk vand
- 1½ spsk universalmel
- ca. 3 kopper / 750 ml solsikkeolie, til friturestegning
- ½ tsk sesamfrø, til overtræk
- salt

INSTRUKTIONER

a) Læg kikærterne i en stor skål og dæk med koldt vand mindst det dobbelte af deres volumen. Sæt til side til at trække natten over.

b) Næste dag dræner du kikærterne godt og kombinerer dem med løg, hvidløg, persille og koriander. For de bedste resultater skal du bruge en kødhakker til næste del. Kom kikærteblandingen én gang gennem maskinen, indstil til dens fineste indstilling, og før den derefter gennem maskinen for anden gang. Hvis du ikke har en kødhakker, så brug en foodprocessor. Blend blandingen i partier, pulser hver i 30 til 40 sekunder, indtil den er finthakket, men ikke grødet eller dejagtig, og holder sig sammen. Når det er behandlet, tilsæt krydderierne, bagepulveret, ¾ tsk salt, mel og vand. Bland godt i hånden, indtil det er glat og ensartet. Dæk blandingen til og lad den stå i køleskabet i mindst 1 time, eller indtil den skal bruges.

c) Fyld en dyb, tykbundet medium gryde med nok olie til at komme 2¾ tommer / 7 cm op ad grydens sider. Opvarm olien til 350°F / 180°C.

d) Med våde hænder, tryk 1 spsk af blandingen i håndfladen for at danne en patty eller en kugle på størrelse med en lille valnød, cirka 1 oz / 25 g (du kan også bruge en våd is-ske til dette).

e) Drys kuglerne jævnt med sesamfrø og fritér dem i omgange i 4 minutter, indtil de er godt brune og gennemstegte. Det er vigtigt, at de virkelig tørrer ud indvendigt, så sørg for, at de får tid nok i olien. Afdryp i et dørslag beklædt med køkkenrulle og server med det samme.

10. A'ja (brødfritter)

Gør: OM 8 FRITTER

INGREDIENSER
- 4 skiver hvidt brød, skorper fjernet (3 oz / 80 g i alt)
- 4 ekstra store fritgående æg
- 1½ tsk stødt spidskommen
- ½ tsk sød paprika
- ¼ tsk cayennepeber
- 1 oz / 25 g purløg, hakket
- 1 oz / 25 g fladbladet persille, hakket
- ⅓ oz / 10 g estragon, hakket
- 1½ oz / 40 g fetaost, smuldret
- solsikkeolie, til stegning
- salt og friskkværnet sort peber

INSTRUKTIONER
a) Læg brødet i blød i rigeligt koldt vand i 1 minut, og pres derefter godt.
b) Smuldr det udblødte brød i en mellemstor skål, tilsæt derefter æg, krydderier, ½ tsk salt og ¼ tsk peber og pisk godt. Bland de hakkede krydderurter og feta i.
c) Opvarm 1 spsk olie i en medium stegepande over medium-høj varme. Kom omkring 3 spiseskefulde af blandingen i midten af gryden for hver fritter og flad den med undersiden af skeen; fritterne skal være ¾ til 1¼ inches / 2 til 3 cm tykke. Steg fritterne i 2 til 3 minutter på hver side, indtil de er gyldenbrune. Gentag med den resterende dej. Du skal få omkring 8 fritter.
d) Alternativt kan du stege al dejen på én gang, som du ville gøre en stor omelet. Skær i skiver og server lun eller ved stuetemperatur.

11. Chard fritter

Gør: 4 SOM STARTER

INGREDIENSER
- 14 oz / 400 g manoldblade, hvide stilke fjernet
- 1 oz / 30 g fladbladet persille
- ⅔ oz / 20 g koriander
- ⅔ oz / 20 g dild
- 1½ tsk revet muskatnød
- ½ tsk sukker
- 3 spsk universalmel
- 2 fed hvidløg, knust
- 2 store fritgående æg
- 3 oz / 80 g fetaost, brækket i små stykker
- 4 spsk / 60 ml olivenolie
- 1 citron, skåret i 4 skiver
- salt og friskkværnet sort peber

INSTRUKTIONER

a) Bring en stor gryde med saltet vand i kog, tilsæt manolden og lad det simre i 5 minutter. Dræn bladene og pres dem godt, indtil de er helt tørre. Kom i en foodprocessor sammen med krydderurter, muskatnød, sukker, mel, hvidløg, æg, generøs ¼ tsk salt og lidt sort peber. Blend indtil glat og fold derefter fetaen gennem blandingen i hånden.

b) Hæld 1 spsk af olien i en mellemstor stegepande. Placer over medium-høj varme og ske i en dynge spiseskefuld blanding for hver fritter. Tryk forsigtigt ned for at få en fritter på 7 cm bred og 1 cm tyk. Du burde kunne passe omkring 3 fritter ad gangen. Kog fritterne i 3 til 4 minutter i alt, vend én gang, indtil de har taget lidt farve.

c) Overfør til køkkenrulle, og hold derefter hver batch varm, mens du koger den resterende blanding, og tilsæt den resterende olie efter behov. Server med det samme med citronbåde.

12. Musabaha (varme kikærter med hummus) & ristet pita

Gør: 6

INGREDIENSER
- 1¼ kopper / 250 g tørrede kikærter
- 1 tsk bagepulver
- 1 spsk stødt spidskommen
- 4½ spsk / 70 g lys tahinpasta
- 3 spsk friskpresset citronsaft
- 1 fed hvidløg, knust
- 2 spsk iskoldt vand
- 4 små pitas (4 oz / 120 g i alt)
- 2 spsk olivenolie
- 2 spsk hakket fladbladet persille
- 1 tsk sød paprika
- salt og friskkværnet sort peber

TAHINI Sauce
- 5 spsk / 75 g lys tahini pasta
- ¼ kop / 60 ml vand
- 1 spsk friskpresset citronsaft
- ½ fed hvidløg, knust

CITRONSAUCE
- ⅓ oz / 10 g fladbladet persille, finthakket
- 1 grøn chili, finthakket
- 4 spsk friskpresset citronsaft
- 2 spsk hvidvinseddike
- 2 fed hvidløg, knust
- ¼ tsk salt

INSTRUKTIONER
a) Følg den grundlæggende hummusopskrift for metoden til at udbløde og koge kikærterne, men kog dem lidt mindre; de skal have lidt modstand tilbage i sig, men stadig være gennemstegte. Dræn de kogte kikærter, gem ⅓ kopper / 450 g) med det

reserverede kogevand, spidskommen, ½ tsk salt og ¼ tsk peber. Hold blandingen varm.

b) Kom de resterende kikærter (1 kop / 150 g) i en lille foodprocessor og forarbejd indtil du får en stiv pasta. Tilsæt derefter tahinipasta, citronsaft, hvidløg og ½ tsk salt, mens maskinen stadig kører. Dryp til sidst langsomt isvandet i og bland i cirka 3 minutter, indtil du får en meget glat og cremet pasta. Lad hummusen stå til den ene side.

c) Mens kikærterne koger, kan du tilberede rettens øvrige elementer. Til tahinsaucen puttes alle ingredienserne og et nip salt i en lille skål. Bland godt og tilsæt eventuelt lidt mere vand for at få en konsistens lidt mere flydende end honning.

d) Bland derefter alle ingredienserne til citronsaucen sammen, og stil til side.

e) Åbn til sidst pitaerne, og riv de to sider fra hinanden. Placer under en varm slagtekylling i 2 minutter, indtil den er gylden og helt tør. Lad det køle af, før det brækkes i ulige stykker.

f) Fordel hummusen mellem fire individuelle lave skåle; lad være med at nivellere den eller trykke den ned, du vil have højden. Hæld de varme kikærter over, efterfulgt af tahinisauce, citronsaucen og et skvæt olivenolie. Pynt med persillen og et drys paprika og server sammen med de ristede pita-stykker.

13. Lammefyldt kvæde med granatæble og koriander

Gør: 4

INGREDIENSER
- 14 oz / 400 g hakket lam
- 1 fed hvidløg, knust
- 1 rød chili, hakket
- ⅔ oz / 20 g koriander, hakket, plus 2 spsk, til pynt
- ½ kop / 50 g brødkrummer
- 1 tsk stødt allehånde
- 2 spsk fintrevet frisk ingefær
- 2 mellemstore løg, fint hakket (1⅓ kopper / 220 g i alt)
- 1 stort fritgående æg
- 4 kvæde (2¾ lb / 1,3 kg i alt)
- saft af ½ citron, plus 1 spsk friskpresset citronsaft
- 3 spsk olivenolie
- 8 kardemommebælg
- 2 tsk granatæble melasse
- 2 tsk sukker
- 2 kopper / 500 ml hønsefond
- kerner af ½ granatæble
- salt og friskkværnet sort peber

INSTRUKTIONER
a) Læg lammet i en røreskål sammen med hvidløg, chili, koriander, brødkrummer, allehånde, halvdelen af ingefæren, halvdelen af løget, æg, ¾ tsk salt og lidt peber. Bland godt med hænderne og stil til side.

b) Pil kvæden og halver dem på langs. Kom dem i en skål med koldt vand med saften af ½ citron, så de ikke bliver brune. Brug en melonballer eller en lille ske til at fjerne frøene, og udhul derefter kvædehalvdelene, så du står tilbage med en ⅔-tommer / 1,5 cm skal. Behold det udøsede kød. Fyld fordybningerne med lammeblandingen, brug dine hænder til at skubbe den ned.

c) Varm olivenolien op i en stor stegepande, som du har låg til. Placer det reserverede kvædekød i en foodprocessor, blend for at hakke det godt, og overfør derefter blandingen til gryden sammen med det resterende løg, ingefær og kardemommebælgene. Sauter i 10 til 12 minutter, indtil løget er blødt. Tilsæt melasse, 1 spsk citronsaft, sukker, bouillon, ½ tsk salt og lidt sort peber og bland godt. Tilsæt kvædehalvdelene til saucen, med kødfyldet opad, sænk varmen til en let koge, læg låg på panden og kog i cirka 30 minutter. Til sidst skal kvæden være helt blød, kødet gennemstegt og saucen tyk. Løft låget og lad det simre i et minut eller to for at reducere saucen, hvis det er nødvendigt.

d) Serveres lun eller ved stuetemperatur, drysset med koriander og granatæblekerner.

14. Latkes

Mærker: 12 LATKES

INGREDIENSER
- 5½ kopper / 600 g skrællede og revne temmelig voksagtige kartofler som Yukon Gold
- 2¾ kopper / 300 g skrællet og revet pastinak
- ⅔ kop / 30 g purløg, finthakket
- 4 æggehvider
- 2 spsk majsstivelse
- 5 spsk / 80 g usaltet smør
- 6½ spsk / 100 ml solsikkeolie
- salt og friskkværnet sort peber
- creme fraiche, til servering

INSTRUKTIONER
a) Skyl kartoflen i en stor skål med koldt vand. Dræn i et dørslag, pres eventuelt overskydende vand ud, og fordel derefter kartoflen ud på et rent køkkenrulle for at tørre helt.
b) I en stor skål blandes kartoffel, pastinak, purløg, æggehvider, majsstivelse, 1 tsk salt og masser af sort peber sammen.
c)
d) Varm halvdelen af smørret og halvdelen af olien op i en stor stegepande ved middelhøj varme. Brug dine hænder til at udvælge portioner af ca. 2 spsk af latkeblandingen, klem godt sammen for at fjerne noget af væsken, og form til tynde bøffer ca. 3/8 tomme / 1 cm tykke og 3¼ inches / 8 cm i diameter. Læg forsigtigt så mange latkes, som du kan få plads til i gryden, skub dem forsigtigt ned, og plan dem med bagsiden af en ske. Steg ved middelhøj varme i 3 minutter på hver side. Latkes skal være helt brune udenpå. Fjern de stegte latkes fra olien, læg dem på køkkenrulle og hold dem varme, mens du koger resten. Tilsæt det resterende smør og olie efter behov. Server med det samme med creme fraiche ved siden af.

15. Majroe & kalvekød "kage"

Gør: 4

INGREDIENSER
- 1⅔ kopper / 300 g basmatiris
- 14 oz / 400 g hakket kalvekød, lam eller oksekød
- ½ kop / 30 g hakket fladbladet persille
- 1½ tsk baharat krydderiblanding (købt eller se opskrift)
- ½ tsk stødt kanel
- ½ tsk chiliflager
- 2 spsk olivenolie
- 10 til 15 mellemstore majroer (3¼ lb / 1,5 kg i alt)
- ca. 1⅔ kopper / 400 ml solsikkeolie
- 2 kopper / 300 g hakkede tomater, dåse er fint
- 1½ spsk tamarindpasta
- ¾ kop plus 2 spsk / 200 ml kyllingefond, varm
- 1 kop / 250 ml vand
- 1½ spsk superfint sukker
- 2 timiankviste, blade plukket
- salt og friskkværnet sort peber

INSTRUKTIONER
a) Vask risene og afdryp dem godt. Placer i en stor røreskål og tilsæt kød, persille, baharat, kanel, 2 tsk salt, ½ tsk peber, chili og olivenolie. Bland godt og stil til side.
b) Skræl majroerne og skær dem i skiver på 1 cm tykke. Opvarm nok solsikkeolie over medium-høj varme til at komme 2 cm op ad siderne af en stor stegepande. Steg majroeskiverne i omgange i 3 til 4 minutter pr. batch, indtil de er gyldne. Overfør til en tallerken beklædt med køkkenrulle, drys med lidt salt, og lad det køle af.
c) Kom tomater, tamarind, bouillon, vand, sukker, 1 tsk salt og ½ tsk peber i en stor røreskål. Pisk godt. Hæld omkring en tredjedel af denne væske i en medium, tykbundet gryde (9½ tommer / 24 cm i diameter). Arranger en tredjedel af

majroeskiverne indeni. Tilsæt halvdelen af risblandingen og jævn. Læg endnu et lag majroer efterfulgt af anden halvdel af risene. Afslut med den sidste af majroerne, og tryk blødt ned med hænderne. Hæld den resterende tomatvæske over majroe- og rislagene og drys med timian. Skub forsigtigt en spatel ned langs siderne af gryden for at lade saften flyde til bunden.

d) Sæt over medium varme og bring det i kog. Sænk varmen til et absolut minimum, læg låg på og lad det simre i 1 time. Tag af varmen, afdæk og lad hvile i 10 til 15 minutter før servering. Desværre er det umuligt at vende kagen over på et fad, da den ikke holder formen, så den skal ske med ske ud.

16. Fyldte løg

Gør: OM 16 FYLDTE LØG

INGREDIENSER
- 4 store løg (2 lb / 900 g i alt, skrællet vægt) ca. 1⅔ kopper / 400 ml grøntsagsfond
- 1½ spsk granatæble melasse
- salt og friskkværnet sort peber
- FYLD
- 1½ spsk olivenolie
- 1 kop / 150 g finthakkede skalotteløg
- ½ kop / 100 g kortkornet ris
- ¼ kop / 35 g pinjekerner, knuste
- 2 spsk hakket frisk mynte
- 2 spsk hakket fladbladet persille
- 2 tsk tørret mynte
- 1 tsk stødt spidskommen
- ⅛ tsk stødt nelliker
- ¼ tsk stødt allehånde
- ¾ tsk salt
- ½ tsk friskkværnet sort peber
- 4 citronbåde (valgfrit)

INSTRUKTIONER
a) Skræl og skær cirka 0,5 cm af toppen og halen af løgene, læg de trimmede løg i en stor gryde med rigeligt vand, bring det i kog og kog i 15 minutter. Afdryp og stil til side til afkøling.
b) For at forberede farsen, opvarm olivenolien i en medium stegepande over medium-høj varme og tilsæt skalotteløg. Sauter i 8 minutter, omrør ofte, og tilsæt derefter alle de resterende ingredienser undtagen citronbåde. Skru varmen til lav og fortsæt med at koge og rør i 10 minutter.
c) Brug en lille kniv til at lave et langt snit fra toppen af løget til bunden, og løbe helt ind til midten, så hvert lag løg kun har en slids, der løber igennem det. Begynd forsigtigt at adskille

løglagene, det ene efter det andet, indtil du når kernen. Bare rolig, hvis nogle af lagene river lidt gennem skrælningen; du kan stadig bruge dem.

d) Hold et lag løg i den ene hånd og hæld ca. 1 spsk af risblandingen i halvdelen af løget, og læg fyldet tæt på den ene ende af åbningen. Lad dig ikke friste til at fylde den mere op, da den skal pakkes pænt ind. Fold den tomme side af løget over den fyldte side og rul det stramt sammen, så risene er dækket med et par lag løg uden luft i midten. Læg i en mellemstor stegepande, som du har låg til, med sømsiden nedad, og fortsæt med den resterende løg- og risblanding. Læg løgene side om side i gryden, så der ikke er plads til at bevæge sig. Fyld eventuelle mellemrum med dele af løget, der ikke er blevet fyldt. Tilsæt nok bouillon, så løgene er tre fjerdedele dækket sammen med granatæblemelassen, og smag til med ¼ tsk salt.

e) Dæk gryden til og kog ved lavest mulige simre i 1½ til 2 timer, indtil væsken er fordampet. Serveres lun eller ved stuetemperatur, med citronbåde, hvis du har lyst.

17. Åbn Kibbeh

Gør: 6

INGREDIENSER
- 1 kop / 125 g fin bulgurhvede
- 1 kop / 200 ml vand
- 6 spsk / 90 ml olivenolie
- 2 fed hvidløg, knust
- 2 mellemstore løg, finthakket
- 1 grøn chili, finthakket
- 12 oz / 350 g hakket lam
- 1 tsk stødt allehånde
- 1 tsk stødt kanel
- 1 tsk stødt koriander
- 2 spsk grofthakket koriander
- ½ kop / 60 g pinjekerner
- 3 spsk grofthakket fladbladet persille
- 2 spsk selvhævende mel, plus lidt ekstra evt
- 3½ spsk / 50 g lys tahini pasta
- 2 tsk friskpresset citronsaft
- 1 tsk sumac
- salt og friskkværnet sort peber

INSTRUKTIONER

a) Forvarm ovnen til 400°F / 200°C. Beklæd en 8-tommer / 20 cm springform med vokspapir.

b) Læg bulguren i en stor skål og dæk den med vandet. Lad stå i 30 minutter.

c) Varm imens 4 spsk af olivenolien op i en stor stegepande ved middelhøj varme. Svits hvidløg, løg og chili, indtil de er helt bløde. Fjern alt fra gryden, sæt det tilbage på høj varme, og tilsæt lammet. Kog i 5 minutter under konstant omrøring, indtil de er brune.

d) Kom løgblandingen tilbage i gryden og tilsæt krydderierne, koriander, ½ tsk salt, en generøs kværn sort peber og det meste af pinjekernerne og persillen, og lad lidt være til side. Kog i et par minutter, tag af varmen, smag til og juster krydderiet.

e) Tjek bulguren for at se, om alt vandet er blevet absorberet. Dræn for at fjerne resterende væske. Tilsæt mel, 1 spsk olivenolie, ¼ tsk salt og en knivspids sort peber og brug hænderne til at arbejde det hele til en smidig blanding, der lige holder sammen; tilsæt en lille smule mere mel, hvis blandingen er meget klistret. Skub godt fast i bunden af springformen, så den komprimeres og jævnes. Fordel lammeblandingen jævnt ovenpå og tryk den lidt ned. Bages i cirka 20 minutter, indtil kødet er ret mørkebrunt og meget varmt.

f) Mens du venter, piskes tahinipastaen sammen med citronsaften, 3½ spsk / 50 ml vand og en knivspids salt. Du er efter en meget tyk, men alligevel hældbar sauce. Tilsæt eventuelt lidt ekstra vand.

g) Tag kibbeh-kagen ud af ovnen, fordel tahinisaucen jævnt ovenpå, drys med de reserverede pinjekerner og hakket persille, og sæt den straks tilbage i ovnen. Bag i 10 til 12 minutter, indtil tahinen lige har sat sig og har taget en lille smule farve, og pinjekernerne er gyldne.

h) Tag den ud af ovnen og lad den køle af, indtil den er varm eller ved stuetemperatur. Inden servering, drys toppen med sumac og dryp med den resterende olie. Fjern forsigtigt pandens sider og skær kibbeh i skiver. Løft dem forsigtigt, så de ikke går i stykker.

18. Hakket lever

Gør: 4 TIL 6

INGREDIENSER
- 6½ spsk / 100 ml smeltet gåse- eller andefedt
- 2 store løg, skåret i skiver (ca. 3 kopper / 400 g i alt)
- 14 oz / 400 g kyllingelever, renset og opdelt i ca. 1¼-tommer / 3 cm stykker
- 5 ekstra store fritgående æg, hårdkogte
- 4 spsk dessertvin
- 1 tsk salt
- ½ tsk friskkværnet sort peber
- 2 til 3 grønne løg, skåret i tynde skiver
- 1 spsk hakket purløg

INSTRUKTIONER

a) Kom to tredjedele af gåsefedtet i en stor stegepande og steg løgene ved middel varme i 10 til 15 minutter, under omrøring af og til, indtil de er mørkebrune. Tag løgene ud af gryden, og skub dem lidt ned, mens du gør det, så du står tilbage med lidt fedtstof i gryden. Tilsæt eventuelt lidt fedtstof. Tilsæt leverne og kog dem i op til 10 minutter, under omrøring fra tid til anden, indtil de er ordentligt kogte i midten - der bør ikke komme noget blod ud på dette tidspunkt.

b) Bland leverne med løget, inden du hakker dem sammen. Den bedste måde at gøre dette på er med en kødkværn, der bearbejder blandingen to gange for at få den rigtige tekstur. Har du ikke en kødhakker, er en foodprocessor også fint. Blend løg og lever i to eller tre partier, så maskinskålen ikke er særlig fuld. Puls i 20 til 30 sekunder, og kontroller derefter, at leveren og løgene er blevet til en ensartet glat, men stadig "ujævn" pasta. Overfør alt i en stor røreskål.

c) Pil æggene, riv derefter to af dem groft og yderligere to fint og kom dem i leverblandingen. Tilsæt det resterende fedtstof, dessertvinen og salt og peber og vend det hele forsigtigt sammen. Overfør blandingen til et ikke-metallisk fladt fad og dæk overfladen tæt med plastfolie. Lad det køle af, og stil det derefter i køleskabet i mindst 2 timer for at stivne lidt.

d) Til servering, hak det resterende æg fint. Hæld den hakkede lever på de enkelte serveringsfade, pynt med det hakkede æg, og drys med grønne løg og purløg.

19. Kubbeh hamusta

Gør: 6

INGREDIENSER
KUBBEH FLYTNING
- 1½ spsk solsikkeolie
- ½ mellemstort løg, meget fint hakket (½ kop / 75 g i alt)
- 12 oz / 350 g hakket oksekød
- ½ tsk stødt allehånde
- 1 stort fed hvidløg, knust
- 2 blege selleristængler, meget fint hakkede, eller en tilsvarende mængde hakkede bladselleri (½ kop / 60 g i alt)
- salt og friskkværnet sort peber
- KUBBEH-SAGER
- 2 kopper / 325 g semulje
- 5 spsk / 40 g universalmel
- 1 kop / 220 ml varmt vand
- SUPPE
- 4 fed hvidløg, knust
- 5 selleristængler, blade plukket og stilke skåret på skrå i 1,5 cm skiver (2 kopper / 230 g i alt)
- 10½ oz / 300 g schweiziske chard blade, kun grøn del, skåret i ⅔-tommer / 2 cm strimler
- 2 spsk solsikkeolie
- 1 stort løg, groft hakket (1¼ kopper / 200 g i alt)
- 2 liter / 2 liter hønsefond
- 1 stor zucchini, skåret i ⅜-tommer / 1 cm terninger (1⅔ kopper / 200 g i alt)
- 6½ spsk / 100 ml friskpresset citronsaft, plus ekstra hvis nødvendigt
- citronbåde, til servering

INSTRUKTIONER
a) Forbered først kødfyldet. Varm olien op i en mellemstor stegepande, og tilsæt løget. Kog over medium varme, indtil de er gennemsigtige, cirka 5 minutter. Tilsæt oksekød, allehånde, ¾ tsk salt og en god kværn sort peber og rør rundt, mens du koger i 3 minutter, lige for at brune. Reducer varmen til medium-lav og lad kødet stege langsomt i cirka 20 minutter, indtil det er helt tørt, under omrøring fra tid til anden. Til sidst tilsættes hvidløg og selleri, steges i yderligere 3 minutter og tages af varmen. Smag til og juster krydringen. Lad det køle af.
b) Mens oksekødsblandingen koger, forbereder du kubbehsagerne. Bland semulje, mel og ¼ tsk salt i en stor røreskål. Tilsæt gradvist vandet under omrøring med en træske og derefter hænderne, indtil du får en klistret dej. Dæk til med et fugtigt klæde og lad det hvile i 15 minutter.
c) Ælt dejen i et par minutter på en arbejdsflade. Den skal være smidig og smørbar uden at revne. Tilsæt eventuelt lidt vand eller mel. For at lave dumplings, tag en skål med vand og våd dine hænder (sørg for, at dine hænder er våde under hele processen for at forhindre at de klæber). Tag et stykke dej, der vejer omkring 1 oz / 30 g og flad det i din håndflade; du sigter efter diske på 10 cm i diameter. Læg cirka 2 tsk af fyldet i midten. Fold kanterne over fyldet for at dække, og forsegl det derefter indeni. Rul kubbeh mellem dine hænder for at danne en kugle, og tryk den derefter ned i en rund, flad form, der er cirka 3 cm tyk. Læg dumplings på en bakke dækket med plastfolie og dryppet med lidt vand og lad dem stå til side.
d) Til suppen placeres hvidløg, halvdelen af sellerien og halvdelen af chardinen i en foodprocessor og blend til en groft pasta. Opvarm olien i en stor gryde ved middel varme og svits løget i cirka 10 minutter, indtil det er lysegult. Tilsæt selleri og mangoldpasta og kog i 3 minutter mere. Tilsæt bouillon, zucchini, den resterende selleri og chard, citronsaft, 1 tsk salt og ½ tsk sort peber. Bring i kog og kog i 10 minutter, smag derefter til og juster

krydderiet. Den skal være skarp, så tilsæt endnu en spiseskefuld citronsaft, hvis du har brug for det.

e) Til sidst tilsættes forsigtigt kubbeh til suppen – et par ad gangen, så de ikke klistrer til hinanden – og lad det simre forsigtigt i 20 minutter. Lad dem stå til side i en god halv time, så de kan sætte sig og bløde, og opvarm derefter og server. Ledsager med en citronskive for et ekstra citronagtigt kick.

20. Fyldte Romano Peber

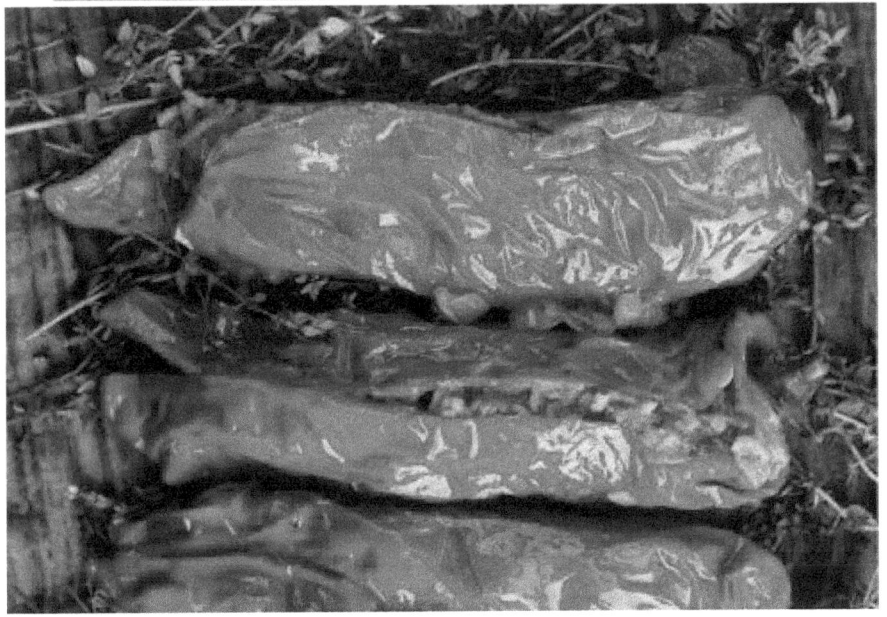

Gør: 4 GENERØST

INGREDIENSER
- 8 mellemstore Romano eller andre søde peberfrugter
- 1 stor tomat, groft hakket (1 kop / 170 g i alt)
- 2 mellemstore løg, groft hakket (1⅔ kopper / 250 g i alt)
- ca. 2 kopper / 500 ml grøntsagsfond
- FYLD
- ¾ kop / 140 g basmatiris
- 1½ spsk baharat krydderiblanding (købt eller se opskrift)
- ½ tsk stødt kardemomme
- 2 spsk olivenolie
- 1 stort løg, finthakket (1⅓ kopper / 200 g i alt)
- 14 oz / 400 g hakket lam
- 2½ spsk hakket fladbladet persille
- 2 spsk hakket dild
- 1½ spsk tørret mynte
- 1½ tsk sukker
- salt og friskkværnet sort peber

INSTRUKTIONER

a) Start med fyldet. Kom risene i en gryde og dæk med letsaltet vand. Bring i kog og kog derefter i 4 minutter. Dræn, opfrisk under koldt vand og stil til side.

b) Tørsteg krydderierne i en stegepande. Tilsæt olivenolie og løg og steg i cirka 7 minutter, under omrøring ofte, indtil løget er blødt. Hæld dette sammen med ris, kød, krydderurter, sukker og 1 tsk salt i en stor røreskål. Brug hænderne til at blande det hele godt sammen.

c) Start fra stilkens ende, brug en lille kniv til at skære tre fjerdedele på langs af hver peberfrugt uden at fjerne stilken, hvilket skaber en lang åbning. Uden at tvinge peberfrugten åben for meget, fjern frøene og fyld derefter hver peberfrugt med en lige stor mængde af blandingen.

d) Læg hakket tomat og løg i en meget stor bradepande, som du har et tætsluttende låg til. Arranger peberfrugterne ovenpå, tæt sammen, og hæld lige nok bouillon i, så det kommer 1 cm op ad siderne af peberfrugterne. Smag til med ½ tsk salt og lidt sort peber. Dæk gryden med låg og lad det simre ved lavest mulig varme i en time. Det er vigtigt, at fyldet bare er dampet, så låget skal sidde tæt; sørg for, at der altid er en lille smule væske i bunden af gryden. Server peberfrugterne lune, ikke varme eller ved stuetemperatur.

21. Fyldt aubergine med lam og pinjekerner

Gør: 4 GENERØST

INGREDIENSER
- 4 mellemstore auberginer (ca. 2½ lb / 1,2 kg), halveret på langs
- 6 spsk / 90 ml olivenolie
- 1½ tsk stødt spidskommen
- 1½ spsk sød paprika
- 1 spsk stødt kanel
- 2 mellemstore løg (12 oz / 340 g i alt), hakket fint
- 1 lb / 500 g hakket lam
- 7 spsk / 50 g pinjekerner
- ⅔ oz / 20 g fladbladet persille, hakket
- 2 tsk tomatpure
- 3 tsk superfint sukker
- ⅔ kop / 150 ml vand
- 1½ spsk friskpresset citronsaft
- 1 tsk tamarindpasta
- 4 kanelstænger
- salt og friskkværnet sort peber

INSTRUKTIONER
a) Forvarm ovnen til 425°F / 220°C.
b) Læg auberginehalvdelene med skindsiden nedad i en bradepande, der er stor nok til at rumme dem tæt. Pensl kødet med 4 spsk af olivenolien og krydr med 1 tsk salt og rigeligt sort peber. Steg i cirka 20 minutter, indtil de er gyldenbrune. Tag ud af ovnen og lad køle lidt af.
c) Mens auberginerne koger, kan du begynde at lave fyldet ved at varme de resterende 2 spsk olivenolie op i en stor stegepande. Bland spidskommen, paprika og stødt kanel sammen og tilsæt halvdelen af denne krydderiblanding til gryden sammen med løgene. Kog over medium-høj varme i cirka 8 minutter, under omrøring ofte, før du tilsætter lam, pinjekerner, persille,

tomatpuré, 1 tsk sukker, 1 tsk salt og lidt sort peber. Fortsæt med at koge og rør i yderligere 8 minutter, indtil kødet er tilberedt.

d) Kom den resterende krydderiblanding i en skål og tilsæt vand, citronsaft, tamarind, de resterende 2 tsk sukker, kanelstængerne og ½ tsk salt; bland godt.

e) Reducer ovntemperaturen til 375°F / 195°C. Hæld krydderiblandingen i bunden af aubergine-bradepanden. Hæld lammeblandingen oven på hver aubergine. Dæk gryden tæt med aluminiumsfolie, sæt tilbage i ovnen og steg i 1½ time, hvorefter auberginerne skal være helt bløde og saucen tyk; to gange under tilberedningen, fjern folien og dryp auberginerne med saucen, tilsæt lidt vand, hvis saucen tørrer ud. Serveres varm, ikke varm eller ved stuetemperatur.

22. Fyldte kartofler

Gør: 4 TIL 6

INGREDIENSER
- 1 lb / 500 g hakket oksekød
- ca 2 kopper / 200 g hvide brødkrummer
- 1 mellemstor løg, finthakket (¾ kop / 120 g i alt)
- 2 fed hvidløg, knust
- ⅔ oz / 20 g fladbladet persille, finthakket
- 2 spsk timianblade, hakket
- 1½ tsk stødt kanel
- 2 store fritgående æg, pisket
- 3¼ lb / 1,5 kg mellemstore Yukon Gold kartofler, ca. 3¾ gange 2¼ inches / 9 gange 6 cm, skrællet og halveret på langs
- 2 spsk hakket koriander
- salt og friskkværnet sort peber

TOMATSOVS
- 2 spsk olivenolie
- 5 fed hvidløg, knust
- 1 mellemstor løg, finthakket (¾ kop / 120 g i alt)
- 1½ selleristængler, finthakket (⅔ kop / 80 g i alt)
- 1 lille gulerod, skrællet og finthakket (½ kop / 70 g i alt)
- 1 rød chili, finthakket
- 1½ tsk stødt spidskommen
- 1 tsk stødt allehånde
- knivspids røget paprika
- 1½ tsk sød paprika
- 1 tsk kommenfrø, knust med en morter og støder eller krydderikværn
- en 28-oz / 800 g dåse hakkede tomater
- 1 spsk tamarindpasta
- 1½ tsk superfint sukker

INSTRUKTIONER

a) Start med tomatsaucen. Varm olivenolien op i den bredeste stegepande du har; du skal også bruge et låg til det. Tilsæt hvidløg, løg, selleri, gulerod og chili og svits ved svag varme i 10 minutter, indtil grøntsagerne er bløde. Tilsæt krydderierne, rør godt rundt og kog i 2 til 3 minutter. Hæld de hakkede tomater, tamarind, sukker, ½ tsk salt og lidt sort peber i og bring det i kog. Fjern fra varmen.

b) For at lave de fyldte kartofler, læg oksekød, brødkrummer, løg, hvidløg, persille, timian, kanel, 1 tsk salt, lidt sort peber og æggene i en røreskål. Brug hænderne til at kombinere alle ingredienserne godt.

c) Udhul hver kartoffelhalvdel med en melonballer eller en teske, og skab en skal ⅔ tomme / 1,5 cm tyk. Fyld kødblandingen ind i hvert hulrum, brug hænderne til at skubbe den helt ned, så den fylder kartoflen helt. Tryk forsigtigt alle kartoflerne ned i tomatsaucen, så de sidder tæt sammen, med kødfarsen opad. Tilsæt ca. 1¼ kopper / 300 ml vand, eller lige nok til næsten at dække bøfferne med sauce, kog let op, dæk gryden med låg, og lad det koge langsomt i mindst 1 time eller endnu længere, indtil saucen er tyk og kartoflerne er meget bløde. Hvis saucen ikke er tyknet nok, skal du fjerne låget og reducere i 5 til 10 minutter. Serveres varm eller varm, pyntet med koriander.

23. Fyldte artiskokker med ærter og dild

Gør: 4

INGREDIENSER
- 14 oz / 400 g porrer, trimmet og skåret i 0,5 cm skiver
- 9 oz / 250 g hakket oksekød
- 1 stort fritgående æg
- 1 tsk stødt allehånde
- 1 tsk stødt kanel
- 2 tsk tørret mynte
- 12 mellemstore jordskokker eller optøede frosne artiskokker (se introduktion)
- 6 spsk / 90 ml friskpresset citronsaft, plus saft af ½ citron, hvis du bruger friske artiskokker
- ⅓ kop / 80 ml olivenolie
- universalmel, til overtræk af artiskokkerne
- ca. 2 kopper / 500 ml kylling eller grøntsagsfond
- 1⅓ kopper / 200 g frosne ærter
- ⅓ oz / 10 g dild, groft hakket
- salt og friskkværnet sort peber

INSTRUKTIONER
a) Blancher porrerne i kogende vand i 5 minutter. Dræn, frisk op og pres vandet ud.
b) Hak porrerne groft og kom i en røreskål sammen med kød, æg, krydderier, mynte, 1 tsk salt og rigeligt peber. Rør grundigt.
c) Hvis du bruger friske artiskokker, tilbered en skål med vand og saften af ½ citron. Fjern stilken fra artiskokken og træk de seje yderste blade af. Når du når de blødere, blege blade, skal du bruge en stor skarp kniv til at skære hen over blomsten, så du står tilbage med den nederste fjerdedel. Brug en lille, skarp kniv eller en grøntsagsskræller til at fjerne de yderste lag af artiskokken, indtil bunden eller bunden er blottet. Skrab den behårede "choke" ud og læg bunden i det syrnede vand. Kassér resten, og gentag derefter med de andre artiskokker.

d) Kom 2 spsk af olivenolien i en gryde, der er bred nok til at holde artiskokkerne liggende fladt, og varm op ved middel varme. Fyld hver artiskokbund med 1 til 2 spsk af oksekødsblandingen, pres fyldet i. Rul forsigtigt bundene i lidt mel, overtræk let og ryst det overskydende af. Steg i den varme olie i 1½ minut på hver side. Tør gryden ren og kom artiskokkerne tilbage i gryden, og læg dem fladt og tæt ved siden af hinanden.

e) Bland bouillon, citronsaft og den resterende olie og smag rigeligt til med salt og peber. Hæld skefulde af væsken over artiskokkerne, indtil de er næsten, men ikke helt, nedsænket; du behøver måske ikke al væsken. Læg et stykke bagepapir over artiskokkerne, dæk gryden med låg, og lad det simre ved svag varme i 1 time. Når de er klar, bør der kun være omkring 4 spsk væske tilbage. Fjern eventuelt låg og papir og reducer saucen. Stil gryden til side, indtil artiskokkerne lige er varme eller ved stuetemperatur.

f) Når du er klar til servering, blancheres ærterne i 2 minutter. Dræn og tilsæt dem og dilden i gryden med artiskokkerne, smag til og bland det hele forsigtigt sammen.

HOVEDRET

24. Ristede søde kartofler & friske figner

Gør: 4

INGREDIENSER
- 4 små søde kartofler (2¼ lb / 1 kg i alt)
- 5 spsk olivenolie
- 3 spsk / 40 ml balsamicoeddike (du kan bruge en kommerciel i stedet for en premium-lagret kvalitet)
- 1½ spsk / 20 g superfint sukker
- 12 grønne løg, halveret på langs og skåret i 1½-in / 4 cm segmenter
- 1 rød chili, skåret i tynde skiver
- 6 modne figner (8½ oz / 240 g i alt), i kvarte
- 5 oz / 150 g blød gedemælksost (valgfrit)
- Maldon havsalt og friskkværnet sort peber

INSTRUKTIONER

a) Forvarm ovnen til 475°F / 240°C.

b) Vask de søde kartofler, halver dem på langs, og skær derefter hver halvdel igen på samme måde i 3 lange skiver. Bland med 3 spsk olivenolie, 2 tsk salt og lidt sort peber. Fordel kilerne ud med skindsiden nedad på en bageplade og kog i cirka 25 minutter, indtil de er bløde, men ikke grødet. Tag ud af ovnen og lad det køle af.

c) For at lave balsamico-reduktionen, læg balsamicoeddike og sukker i en lille gryde. Bring det i kog, og reducer derefter varmen og lad det simre i 2 til 4 minutter, indtil det tykner. Sørg for at fjerne gryden fra varmen, når eddiken stadig er mere flydende end honning; det vil fortsætte med at tykne, mens det afkøles. Rør en dråbe vand i inden servering, hvis den bliver for tyk til at dryppe.

d) Anret de søde kartofler på et serveringsfad. Opvarm den resterende olie i en medium gryde over medium varme og tilsæt grønne løg og chili. Steg i 4 til 5 minutter, omrør ofte for at sikre, at chilien ikke brænder på. Hæld olie, løg og chili over de søde kartofler. Prik fignerne mellem kilerne og dryp derefter balsamico-reduktionen over. Server ved stuetemperatur. Smuldr osten over toppen, hvis du bruger den.

25. Na'ama er fedtet

Gør: 6

INGREDIENSER
- 1 kop / 200 g græsk yoghurt og ¾ kop plus 2 spsk / 200 ml sødmælk eller 1⅔ kopper / 400 ml kærnemælk (erstatter både yoghurt og mælk)
- 2 store gamle tyrkiske fladbrød eller naan (9 oz / 250 g i alt)
- 3 store tomater (13 oz / 380 g i alt), skåret i 1,5 cm terninger
- 3½ oz / 100 g radiser, skåret i tynde skiver
- 3 libanesiske eller mini agurker (9 oz / 250 g i alt), skrællet og skåret i 1,5 cm terninger
- 2 grønne løg, skåret i tynde skiver
- ½ oz / 15 g frisk mynte
- 1 oz / 25 g fladbladet persille, groft hakket
- 1 spsk tørret mynte
- 2 fed hvidløg, knust
- 3 spsk friskpresset citronsaft
- ¼ kop / 60 ml olivenolie, plus ekstra til at dryppe
- 2 spsk cider eller hvidvinseddike
- ¾ tsk friskkværnet sort peber
- 1½ tsk salt
- 1 spsk sumac eller mere efter smag, til pynt

INSTRUKTIONER

a) Hvis du bruger yoghurt og mælk, skal du starte mindst 3 timer og op til en dag i forvejen med at lægge begge dele i en skål. Pisk det godt sammen og lad det stå et køligt sted eller i køleskabet, indtil der dannes bobler på overfladen. Det du får er en slags hjemmelavet kærnemælk, men mindre surt.

b) Riv brødet i mundrette stykker og kom det i en stor røreskål. Tilsæt din fermenterede yoghurtblanding eller kommercielle kærnemælk efterfulgt af resten af ingredienserne, bland godt og lad det stå i 10 minutter, så alle smagene kan kombineres.

c) Hæld fattoushen i serveringsskåle, dryp med lidt olivenolie og pynt rigeligt med sumac.

26. Urtetærte

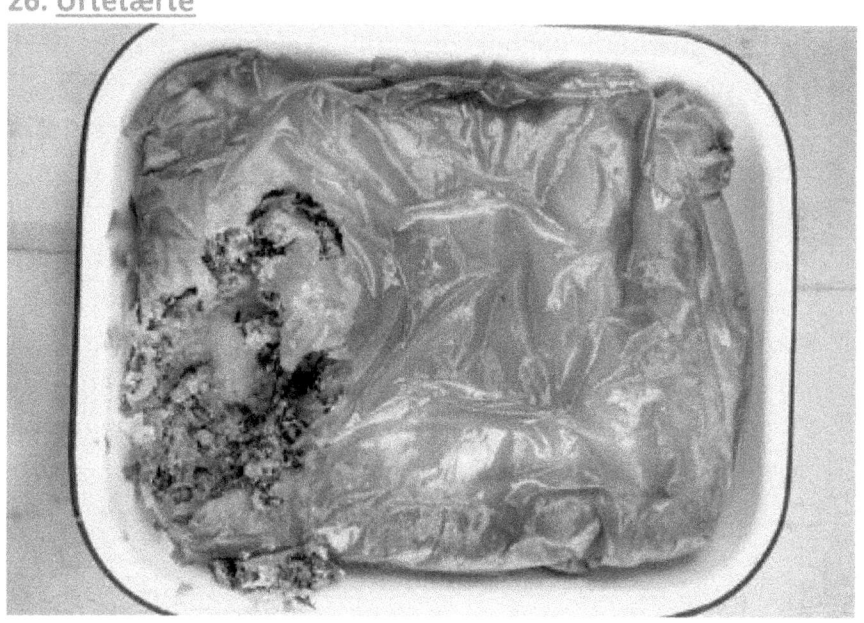

Gør: 4

INGREDIENSER
- 2 spsk olivenolie, plus ekstra til pensling af dejen
- 1 stort løg i tern
- 1 lb / 500 g mangold, stængler og blade fintrevet, men holdt adskilt
- 5 oz / 150 g selleri, i tynde skiver
- 1¾ oz / 50 g grønt løg, hakket
- 1¾ oz / 50 g rucola
- 1 oz / 30 g fladbladet persille, hakket
- 1 oz / 30 g mynte, hakket
- ¾ oz / 20 g dild, hakket
- 4 oz / 120 g anari- eller ricottaost, smuldret
- 3½ oz / 100 g lagret cheddarost, revet
- 2 oz / 60 g fetaost, smuldret
- revet skal af 1 citron
- 2 store fritgående æg
- ⅓ tsk salt
- ½ tsk friskkværnet sort peber
- ½ tsk superfint sukker
- 9 oz / 250 g filodej

INSTRUKTIONER
a) Forvarm ovnen til 400°F / 200°C. Hæld olivenolien i en stor, dyb stegepande ved middel varme. Tilsæt løget og svits i 8 minutter uden at brune. Tilsæt mangoldstænglerne og sellerien og fortsæt med at koge i 4 minutter, mens der røres af og til. Tilsæt mangoldbladene, skru op for varmen til middelhøj, og rør rundt, mens du koger i 4 minutter, indtil bladene visner. Tilsæt det grønne løg, rucola og krydderurter og steg i 2 minutter mere. Fjern fra varmen og overfør til et dørslag til afkøling.

b) Når blandingen er afkølet, skal du klemme så meget vand ud som du kan og overføre til en røreskål. Tilsæt de tre oste, citronskal, æg, salt, peber og sukker og bland godt.

c) Læg et stykke filodej ud og pensl det med lidt olivenolie. Dæk med et andet ark og fortsæt på samme måde, indtil du har 5 lag filo penslet med olie, der alle dækker et område, der er stort nok til at beklæde siderne og bunden af en 22 cm tærtefad, plus ekstra til at hænge over kanten . Beklæd tærtefadet med dejen, fyld med urteblandingen, og fold den overskydende dej over kanten af fyldet, trim dejen efter behov for at skabe en ¾-tommer / 2 cm kant.

d) Lav endnu et sæt med 5 filolag penslet med olie og læg dem over tærten. Rul dejen lidt op for at skabe en bølget, ujævn top og klip kanterne til, så det lige dækker tærten. Pensl rigeligt med olivenolie og bag i 40 minutter, indtil filoen bliver flot gyldenbrun. Tag ud af ovnen og server lun eller ved stuetemperatur.

27. Brændt aubergine med stegt løg

Gør: 4

INGREDIENSER
- 2 store auberginer, halveret på langs med stilken på (ca. 1⅔ lb / 750 g i alt)
- ⅔ kop / 150 ml olivenolie
- 4 løg (ca. 1¼ lb / 550 g i alt), skåret i tynde skiver
- 1½ grøn chili
- 1½ tsk stødt spidskommen
- 1 tsk sumac
- 1¾ oz / 50 g fetaost, skåret i store stykker
- 1 mellemstor citron
- 1 fed hvidløg, knust
- salt og friskkværnet sort peber

INSTRUKTIONER

a) Forvarm ovnen til 425°F / 220°C.

b) Skær den afskårne side af hver aubergine med et krydsmønster. Pensl de afskårne sider med 6½ spsk / 100 ml af olien og drys rigeligt med salt og peber. Læg dem på en bageplade med skæresiden opad og steg i ovnen i cirka 45 minutter, indtil kødet er gyldenbrunt og helt gennemstegt.

c) Mens auberginerne steger, tilsæt den resterende olie til en stor stegepande og sæt dem over høj varme. Tilsæt løgene og ½ tsk salt og steg i 8 minutter under jævnlig omrøring, så dele af løget bliver rigtig mørkt og sprødt. Frø og hak chilien, hold den hele adskilt fra halvdelen. Tilsæt den malede spidskommen, sumac og den hele hakkede chili og kog i yderligere 2 minutter, før du tilsætter fetaen. Kog i et sidste minut, uden at røre meget, og tag derefter af varmen.

d) Brug en lille savtakket kniv til at fjerne skindet og marven af citronen. Hak kødet groft, kassér frøene, og kom kødet og eventuel saft i en skål med den resterende ½ chili og hvidløget.

e) Saml fadet, så snart auberginerne er klar. Overfør de ristede halvdele til et serveringsfad og hæld citronsaucen over kødet. Varm løgene lidt op og hæld dem over. Serveres lun eller stilles til side for at nå stuetemperatur.

28. Brændt butternut squash med za'atar

Gør: 4
INGREDIENSER
- 1 stor butternut squash (2½ lb / 1,1 kg i alt), skåret i ¾ gange 2½-tommer / 2 gange 6 cm terninger
- 2 rødløg, skåret i 1¼-tommer / 3 cm terninger
- 3½ spsk / 50 ml olivenolie
- 3½ spsk lys tahinipasta
- 1½ spsk citronsaft
- 2 spsk vand
- 1 lille fed hvidløg, knust
- 3½ spsk / 30 g pinjekerner
- 1 spsk za'atar
- 1 spsk grofthakket fladbladet persille
- Maldon havsalt og friskkværnet sort peber

INSTRUKTIONER
a) Forvarm ovnen til 475°F / 240°C.
b) Kom squash og løg i en stor røreskål, tilsæt 3 spsk af olien, 1 tsk salt og lidt sort peber og vend godt rundt. Fordel på en bageplade med skindet nedad og steg i ovnen i 30 til 40 minutter, til grøntsagerne har taget lidt farve og er gennemstegte. Hold øje med løgene, da de kan koge hurtigere end squashen og skal fjernes tidligere. Tag ud af ovnen og lad det køle af.
c) For at lave saucen, læg tahin i en lille skål sammen med citronsaft, vand, hvidløg og ¼ tsk salt. Pisk indtil saucen er konsistensen af honning, tilsæt mere vand eller tahin hvis nødvendigt.
d) Hæld de resterende 1½ tsk olie i en lille bradepande og sæt den over medium-lav varme. Tilsæt pinjekernerne sammen med ½ tsk salt og kog i 2 minutter, under omrøring ofte, indtil nødderne er gyldenbrune. Fjern fra varmen og overfør nødderne og olien til en lille skål for at stoppe tilberedningen.
e) For at servere, fordel grøntsagerne ud på et stort serveringsfad og dryp over tahinen. Drys pinjekernerne og deres olie ovenpå, efterfulgt af za'atar og persille.

29. Fava Bean Kuku

Gør: 6

INGREDIENSER
- 1 lb / 500 g fava bønner, friske eller frosne
- 5 spsk / 75 ml kogende vand
- 2 spsk superfint sukker
- 5 spsk / 45 g tørrede berberbær
- 3 spsk tung fløde
- ¼ tsk safran tråde
- 2 spsk koldt vand
- 5 spsk olivenolie
- 2 mellemstore løg, finthakket
- 4 fed hvidløg, knust
- 7 store fritgående æg
- 1 spsk universalmel
- ½ tsk bagepulver
- 1 kop / 30 g dild, hakket
- ½ kop / 15 g mynte, hakket
- salt og friskkværnet sort peber

INSTRUKTIONER

a) Forvarm ovnen til 350°F / 180°C. Kom favabønnerne i en gryde med rigeligt kogende vand. Lad det simre i 1 minut, afdryp, genopfrisk under koldt vand og stil til side.

b) Hæld de 5 spsk / 75 ml kogende vand i en mellemstor skål, tilsæt sukkeret og rør for at opløses. Når denne sirup er lunken, tilsæt berberisene og lad dem stå i cirka 10 minutter, og dræn derefter.

c) Bring fløde, safran og koldt vand i kog i en lille gryde. Fjern straks fra varmen og stil til side i 30 minutter for at trække.

d) Opvarm 3 spiseskefulde af olivenolien over medium varme i en 10-tommer / 25 cm nonstick, ovnfast bradepande, som du har låg til. Tilsæt løgene og steg i ca. 4 minutter, rør af og til, tilsæt derefter hvidløg og steg og rør i yderligere 2 minutter. Rør favabønnerne i og stil til side.

e) Pisk æggene godt sammen i en stor røreskål, til de er skummende. Tilsæt mel, bagepulver, safrancreme, krydderurter, 1½ tsk salt og ½ tsk peber og pisk godt. Rør til sidst barbærene og favabønnerne og løgblandingen i.

f) Tør bradepanden ren, tilsæt den resterende olivenolie, og sæt den i ovnen i 10 minutter, så den bliver godt varm. Hæld æggemassen i den varme pande, dæk med låg og bag i 15 minutter. Fjern låget og bag i yderligere 20 til 25 minutter, indtil æggene netop er sat. Tag den ud af ovnen og lad den hvile i 5 minutter, inden den vendes ud på et serveringsfad. Serveres lun eller ved stuetemperatur.

Rå Kogle & Urtesalat

30. Citronagtige porrefrikadeller

Gør: 4 SOM STARTER

INGREDIENSER
- 6 store trimmede porrer (ca. 1¾ lb / 800 g i alt)
- 9 oz / 250 g hakket oksekød
- 1 kop / 90 g brødkrummer
- 2 store fritgående æg
- 2 spsk solsikkeolie
- ¾ til 1¼ kopper / 200 til 300 ml hønsefond
- ⅓ kop / 80 ml friskpresset citronsaft (ca. 2 citroner)
- ⅓ kop / 80 g græsk yoghurt
- 1 spsk finthakket fladbladet persille
- salt og friskkværnet sort peber

INSTRUKTIONER

a) Skær porrerne i ¾-tommer / 2 cm skiver og damp dem i cirka 20 minutter, indtil de er helt bløde. Dræn og lad det køle af, og pres derefter eventuelt resterende vand ud med et viskestykke. Bearbejd porrerne i en foodprocessor ved at pulsere et par gange, indtil de er godt hakket, men ikke grødet. Læg porrerne i en stor røreskål sammen med kød, brødkrummer, æg, 1¼ tsk salt og 1 tsk sort peber. Form blandingen til flade bøffer, ca. 2¾ gange ¾ tommer / 7 gange 2 cm – dette skulle gøre 8. Stil på køl i 30 minutter.

b) Varm olien op ved middel-høj varme i en stor, tykbundet stegepande, som du har låg til. Svits bøfferne på begge sider, indtil de er gyldenbrune; dette kan om nødvendigt gøres i batches.

c) Tør panden af med et køkkenrulle og læg derefter frikadellerne på bunden, lidt overlappende, hvis det er nødvendigt. Hæld nok bouillon over til næsten, men ikke helt dækker bøfferne. Tilsæt citronsaft og ½ tsk salt. Bring det i kog, læg låg på og lad det simre forsigtigt i 30 minutter. Tag låget af og kog i et par minutter mere, hvis det er nødvendigt, indtil næsten al væsken er fordampet. Tag gryden af varmen og stil til side til afkøling.

d) Server frikadellerne lige lune eller ved stuetemperatur, med en klat af yoghurten og et drys af persillen.

31. Rodfrugtslaw med labneh

Gør: 6

INGREDIENSER
- 3 mellemstore rødbeder (1 lb / 450 g i alt)
- 2 mellemstore gulerødder (9 oz / 250 g i alt)
- ½ sellerirod (10 oz / 300 g i alt)
- 1 mellemstor kålrabi (9 oz / 250 g i alt)
- 4 spsk friskpresset citronsaft
- 4 spsk olivenolie
- 3 spsk sherryeddike
- 2 tsk superfint sukker
- ¾ kop / 25 g korianderblade, groft hakket
- ¾ kop / 25 g mynteblade, strimlet
- ⅔ kop / 20 g fladbladede persilleblade, groft hakket
- ½ spsk revet citronskal
- 1 kop / 200 g labneh (købt eller se opskrift)
- salt og friskkværnet sort peber
- Skræl alle grøntsagerne og skær dem i tynde skiver, ca. 1/16 lille varm chili, finthakket

INSTRUKTIONER

a) Kom citronsaft, olivenolie, eddike, sukker og 1 tsk salt i en lille gryde. Bring det let op og rør rundt, indtil sukkeret og saltet er opløst. Fjern fra varmen.

b) Dræn grøntsagsstrimlerne og overfør dem til et køkkenrulle, så de tørrer godt. Tør skålen og udskift grøntsagerne. Hæld den varme dressing over grøntsagerne, bland godt og lad det køle af. Stil i køleskabet i mindst 45 minutter.

c) Når du er klar til servering, tilsæt krydderurter, citronskal og 1 tsk sort peber til salaten. Rør godt rundt, smag til og tilsæt mere salt, hvis det er nødvendigt. Læg dem på tallerkener og server med lidt labneh ved siden af.

32. Stegte tomater med hvidløg

Gør: 2 til 4

INGREDIENSER
- 3 store fed hvidløg, knust
- ½ lille varm chili, finthakket
- 2 spsk hakket fladbladet persille
- 3 store, modne, men faste tomater (ca. 1 lb / 450 g i alt)
- 2 spsk olivenolie
- Maldon havsalt og friskkværnet sort peber
- rustikt brød til servering

INSTRUKTIONER

a) Bland hvidløg, chili og hakket persille i en lille skål og stil til side. Top og hale tomaterne og skær lodret i skiver omkring 1,5 cm tykke.

b) Varm olien op i en stor stegepande ved middel varme. Tilsæt tomatskiverne, krydr med salt og peber, og kog i cirka 1 minut, vend derefter, krydr igen med salt og peber, og drys med hvidløgsblandingen. Fortsæt med at koge i endnu et minut eller deromkring, ryst gryden af og til, vend derefter skiverne igen og kog i et par sekunder mere, indtil de er bløde, men ikke grødet.

c) Vend tomaterne ud på en tallerken, hæld saften fra panden over og server straks sammen med brødet.

33. Chermoula Aubergine med Bulgur & Yoghurt

Gør: 4 SOM HOVEDRET

INGREDIENSER
- 2 fed hvidløg, knust
- 2 tsk stødt spidskommen
- 2 tsk stødt koriander
- 1 tsk chiliflager
- 1 tsk sød paprika
- 2 spsk finthakket konserveret citronskal (købt eller se opskrift)
- ⅔ kop / 140 ml olivenolie, plus ekstra til slut
- 2 mellemstore auberginer
- 1 kop / 150 g fin bulgur
- ⅔ kop / 140 ml kogende vand
- ⅓ kop / 50 g gyldne rosiner
- 3½ spsk / 50 ml varmt vand
- ⅓ oz / 10 g koriander, hakket, plus ekstra til slut
- ⅓ oz / 10 g mynte, hakket
- ⅓ kop / 50 g grønne oliven uden sten, halveret
- ⅓ kop / 30 g skivede mandler, ristede
- 3 grønne løg, hakket
- 1½ spsk friskpresset citronsaft
- ½ kop / 120 g græsk yoghurt
- salt

INSTRUKTIONER
a) Forvarm ovnen til 400°F / 200°C.
b) For at lave chermoula, bland sammen i en lille skål hvidløg, spidskommen, koriander, chili, paprika, konserveret citron, to tredjedele af olivenolien og ½ tsk salt.
c) Skær auberginerne i halve på langs. Skær kødet af hver halvdel med dybe, diagonale på kryds og tværs, og sørg for ikke at gennembore huden. Hæld chermoula over hver halvdel, fordel den jævnt, og læg den på en bageplade med snitsiden opad. Sæt

i ovnen og steg i 40 minutter, eller indtil auberginerne er helt bløde.

d) Læg imens bulguren i en stor skål og dæk med kogende vand.

e) Udblød rosinerne i det varme vand. Efter 10 minutter dræner du rosinerne og tilsætter dem til bulguren sammen med den resterende olie. Tilsæt urter, oliven, mandler, grønne løg, citronsaft og en knivspids salt og rør for at kombinere. Smag til og tilsæt eventuelt mere salt.

f) Server auberginerne lune eller ved stuetemperatur. Læg ½ aubergine med skæresiden opad på hver enkelt tallerken. Hæld bulguren ovenpå, og lad lidt falde fra begge sider. Hæld lidt yoghurt over, drys med koriander og afslut med et skvæt olie.

34. Stegt blomkål med tahin

Gør: 6

INGREDIENSER
- 2 kopper / 500 ml solsikkeolie
- 2 medium hoveder blomkål (2¼ lb / 1 kg i alt), opdelt i små buketter
- 8 grønne løg, hver delt i 3 lange segmenter
- ¾ kop / 180 g lys tahini pasta
- 2 fed hvidløg, knust
- ¼ kop / 15 g fladbladet persille, hakket
- ¼ kop / 15 g hakket mynte, plus ekstra til slut
- ⅔ kop / 150 g græsk yoghurt
- ¼ kop / 60 ml friskpresset citronsaft plus revet skal af 1 citron
- 1 tsk granatæble melasse, plus ekstra til slut
- ca. ¾ kop / 180 ml vand
- Maldon havsalt og friskkværnet sort peber

INSTRUKTIONER

a) Varm solsikkeolien op i en stor gryde placeret over medium-høj varme. Brug en metaltang eller en metalske til at placere forsigtigt et par blomkålsbuketter ad gangen i olien og kog dem i 2 til 3 minutter, vend dem om, så de farves jævnt. Når de er gyldenbrune, brug en hulske til at løfte buketter i et dørslag for at dræne dem. Drys med lidt salt. Fortsæt i omgange, indtil du er færdig med al blomkålen. Steg derefter de grønne løg i omgange, men kun i cirka 1 minut. Tilsæt til blomkålen. Lad begge dele køle lidt af.

b) Hæld tahinipastaen i en stor røreskål og tilsæt hvidløg, hakkede krydderurter, yoghurt, citronsaft og -skal, granatæblemelasse og lidt salt og peber. Rør godt rundt med en træske, mens du tilsætter vandet. Tahinisaucen vil tykne og derefter løsne sig, når du tilføjer vand. Tilsæt ikke for meget, bare nok til at få en tyk, men jævn, hældbar konsistens, lidt ligesom honning.

c) Tilsæt blomkål og grønne løg til tahinen og rør godt rundt. Smag til og juster krydringen. Du kan også tilføje mere citronsaft.

d) For at servere, hæld i en serveringsskål og afslut med et par dråber granatæblemelasse og lidt mynte.

35. Mellemøstlig blandet grill

Gør: 4

INGREDIENSER

- 10½ oz / 300 g udbenet kyllingebryst, skåret i ¾-tommer / 2 cm terninger
- 7 oz / 200 g kyllingehjerter, skåret i halve på langs (valgfrit)
- 4 spsk olivenolie
- 9 oz / 250 g kyllingelever, renset og skåret i tern
- 2 store løg, skåret i tynde skiver (ca. 4½ kopper / 500 g i alt)
- 1½ tsk stødt gurkemeje
- 1 spsk baharat krydderiblanding (købt eller se opskrift)
- salt

INSTRUKTIONER

a) Sæt en stor støbejerns- eller anden tung stegepande over medium-høj varme og lad stå i et par minutter, indtil den næsten ryger. Tilsæt kyllingebrystet og lad det stå i et minut, rør en gang, og steg derefter, indtil det er brunet over det hele, 2 til 3 minutter. Overfør stykkerne til en skål og stil til side.

b) Kom hjerterne i gryden og kog under omrøring af og til, indtil de er brune, men ikke gennemstegte, 2 til 3 minutter. Tilføj til skålen.

c) Hæld en teskefuld af olivenolien i gryden og tilsæt leverne. Kog i 2 til 3 minutter, omrør kun en eller to gange, og tag derefter af gryden.

d) Hæld 2 spsk af olivenolien i gryden og tilsæt halvdelen af løgene. Kog, under omrøring hele tiden, i 4 til 5 minutter, indtil løgene er bløde og lidt forkullede, men ikke er helt slappe. Tilsæt den resterende olie i gryden og gentag med den anden halvdel af løgene. Kom den første omgang tilbage i gryden sammen med krydderierne og kogte kyllingestykker, hjerter og lever. Smag til med ¾ tsk salt og fortsæt med at stege i ca. 3 minutter, skrab panden, mens du laver mad, indtil kyllingen er gennemstegt. Server med det samme.

36. Braiseret vagtler med abrikoser og tamarind

Gør: 4 SOM STARTER

INGREDIENSER
- 4 ekstra store vagtler, ca. 190 g hver, skåret i to langs brystbenet og ryggen
- ¾ tsk chiliflager
- ¾ tsk stødt spidskommen
- ½ tsk fennikelfrø, let knust
- 1 spsk olivenolie
- 1¼ kopper / 300 ml vand
- 5 spsk / 75 ml hvidvin
- ⅔ kop / 80 g tørrede abrikoser, tykke skiver
- 2½ spsk / 25 g ribs
- 1½ spsk superfint sukker
- 1½ spsk tamarindpasta
- 2 spsk friskpresset citronsaft
- 1 tsk plukkede timianblade
- salt og friskkværnet sort peber
- 2 spsk hakket blandet koriander og fladbladet persille til pynt (valgfrit)

INSTRUKTIONER
a) Tør vagtlerne af med køkkenrulle og kom dem i en røreskål. Drys med chiliflager, spidskommen, fennikelfrø, ½ tsk salt og lidt sort peber. Massér godt ind med hænderne, dæk til og lad det marinere i køleskabet i mindst 2 timer eller natten over.
b) Varm olien op ved middelhøj varme i en stegepande, der lige er stor nok til at rumme fuglene tæt, og som du har låg til. Brun fuglene på alle sider i cirka 5 minutter, for at få en flot gyldenbrun farve.
c) Fjern vagtlen fra gryden og kassér det meste af fedtet, så der er ca. 1½ tsk. Tilsæt vand, vin, abrikoser, ribs, sukker, tamarind, citronsaft, timian, ½ tsk salt og lidt sort peber. Kom vagtlen tilbage i gryden. Vandet skal komme tre fjerdedele op ad

fuglenes sider; hvis ikke, tilsæt mere vand. Bring i kog, læg låg på gryden, og lad det simre meget forsigtigt i 20 til 25 minutter, og vend vagtlen en eller to gange, indtil fuglene lige er kogte.

d) Løft vagtlerne fra panden og over på et serveringsfad og hold dem varme. Hvis væsken ikke er særlig tyk, skal du sætte den tilbage på middel varme og simre i et par minutter for at reducere til en god saucekonsistens. Hæld saucen over vagtlen og pynt med koriander og persille, hvis du bruger.

37. Stegt kylling med clementiner

Gør: 4

INGREDIENSER
- 6½ spsk / 100 ml arak, ouzo eller Pernod
- 4 spsk olivenolie
- 3 spsk friskpresset appelsinjuice
- 3 spsk friskpresset citronsaft
- 2 spsk sennep
- 3 spsk lys brun farin
- 2 mellemstore fennikelløg (1 lb / 500 g i alt)
- 1 stor økologisk eller fritgående kylling, ca. 2¾ lb / 1,3 kg, opdelt i 8 stykker, eller samme vægt i skin-on, udbenet kyllingelår
- 4 klementiner, skrællede (14 oz / 400 g i alt), skåret vandret i ¼-tommer / 0,5 cm skiver
- 1 spsk timianblade
- 2½ tsk fennikelfrø, let knust
- salt og friskkværnet sort peber
- hakket fladbladet persille, til pynt

INSTRUKTIONER

a) Kom de første seks ingredienser i en stor røreskål og tilsæt 2½ tsk salt og 1½ tsk sort peber. Pisk godt og stil til side.

b) Trim fennikelen og skær hver pære i halve på langs. Skær hver halvdel i 4 skiver. Tilsæt fennikel til væskerne sammen med kyllingestykker, clementinskiver, timian og fennikelfrø. Rør godt rundt med hænderne, og lad derefter marinere i køleskabet i et par timer eller natten over (det er også fint at springe marineringsstadiet over, hvis du er tidspresset).

c) Forvarm ovnen til 475°F / 220°C. Overfør kyllingen og dens marinade til en bageplade, der er stor nok til at rumme alt komfortabelt i et enkelt lag (omtrent en 12 x 14½-tommer / 30 x 37 cm gryde); kyllingeskindet skal vende opad. Når ovnen er varm nok, sættes panden i ovnen og steges i 35 til 45 minutter, indtil kyllingen er misfarvet og gennemstegt. Fjern fra ovnen.

d) Løft kylling, fennikel og klementiner fra panden og anret på serveringsfad; dække og holde varmen. Hæld kogevæsken i en lille gryde, sæt den over medium-høj varme, bring det i kog, og lad det simre, indtil saucen er reduceret med en tredjedel, så du står tilbage med cirka ⅓ kop / 80 ml. Hæld den varme sauce over kyllingen, pynt med lidt persille og server.

38. Stegt kylling med jordskok

Gør: 4

INGREDIENSER
- 1 lb / 450 g jordskokker, skrællet og skåret på langs i 6 kiler ⅔ tomme / 1,5 cm tykke
- 3 spsk friskpresset citronsaft
- 8 skin-on, udbenede kyllingelår eller 1 mellemstor hel kylling i kvarte
- 12 bananer eller andre store skalotteløg, halveret på langs
- 12 store fed hvidløg, skåret i skiver
- 1 mellemstor citron, halveret på langs og derefter skåret i meget tynde skiver
- 1 tsk safran tråde
- 3½ spsk / 50 ml olivenolie
- ¾ kop / 150 ml koldt vand
- 1¼ spsk pink peberkorn, let knust
- ¼ kop / 10 g friske timianblade
- 1 kop / 40 g estragonblade, hakket
- 2 tsk salt
- ½ tsk friskkværnet sort peber

INSTRUKTIONER

a) Kom jordskokkerne i en mellemstor gryde, dæk med rigeligt vand, og tilsæt halvdelen af citronsaften. Bring det i kog, sænk varmen og lad det simre i 10 til 20 minutter, indtil det er møre, men ikke blødt. Dræn og lad afkøle.

b) Kom jordskokkerne og alle de resterende ingredienser, undtagen den resterende citronsaft og halvdelen af estragonen, i en stor røreskål og brug hænderne til at blande det hele godt sammen. Dæk til og lad det marinere i køleskabet natten over eller i mindst 2 timer.

c) Forvarm ovnen til 475°F / 240°C. Anret kyllingestykkerne med skindsiden opad i midten af en bradepande og fordel de resterende ingredienser rundt om kyllingen. Steg i 30 minutter. Dæk gryden med aluminiumsfolie og kog i yderligere 15 minutter. På dette tidspunkt skal kyllingen være helt kogt. Tag ud af ovnen og tilsæt den reserverede estragon og citronsaft. Rør godt rundt, smag til og tilsæt mere salt, hvis det er nødvendigt. Server med det samme.

39. Pocheret kylling med freekeh

Gør: 4 GENERØST

INGREDIENSER
- 1 lille fritgående kylling, ca. 3¼ lb / 1,5 kg
- 2 lange kanelstænger
- 2 mellemstore gulerødder, skrællet og skåret i skiver ¾ tomme / 2 cm tykke
- 2 laurbærblade
- 2 bundter fladbladet persille (ca. 2½ oz / 70 g i alt)
- 2 store løg
- 2 spsk olivenolie
- 2 kopper / 300 g revnet freekeh
- ½ tsk stødt allehånde
- ½ tsk stødt koriander
- 2½ spsk / 40 g usaltet smør
- ⅔ kop / 60 g skivede mandler
- salt og friskkværnet sort peber

INSTRUKTIONER
a) Læg kyllingen i en stor gryde sammen med kanel, gulerødder, laurbærblade, 1 bundt persille og 1 tsk salt. Kvarter 1 løg og kom det i gryden. Tilsæt koldt vand, så det næsten dækker kyllingen; Bring det i kog og lad det simre, tildækket, i 1 time, og skum af og til olie og skum væk fra overfladen.

b) Cirka halvvejs gennem tilberedningen af kyllingen skæres det andet løg i tynde skiver og lægges i en mellemstor gryde med olivenolien. Steg ved middel-lav varme i 12 til 15 minutter, indtil løget bliver gyldenbrunt og blødt. Tilsæt freekeh, allehånde, koriander, ½ tsk salt og lidt sort peber. Rør godt rundt og tilsæt derefter 2½ kopper / 600 ml af hønsebouillonen. Skru op for varmen til medium-høj. Så snart bouillonen koger, dæk gryden og sænk varmen. Lad det simre forsigtigt i 20 minutter, tag derefter af varmen og lad det stå tildækket i 20 minutter mere.

c) Fjern bladene fra det resterende persillebundt og hak dem, ikke for fint. Tilsæt det meste af den hakkede persille til den kogte freekeh, bland det med en gaffel.

d) Løft kyllingen op af bouillonen og læg den på et skærebræt. Skær forsigtigt brysterne af og skær dem i tynde skiver på skrå; fjern kødet fra ben og lår. Hold kyllingen og freekeh varm.

e) Når du er klar til servering, læg smør, mandler og lidt salt i en lille stegepande og steg til de er gyldne. Hæld freekeh på individuelle serveringsfade eller et fad. Top med ben- og lårkød, og arranger derefter brystskiverne pænt ovenpå. Afslut med mandler og smør og et drys persille.

40. Kylling med løg & kardemommeris

Gør: 4

INGREDIENSER
- 3 spsk / 40 g sukker
- 3 spsk / 40 ml vand
- 2½ spsk / 25 g barbær (eller ribs)
- 4 spsk olivenolie
- 2 mellemstore løg, i tynde skiver (2 kopper / 250 g i alt)
- 2¼ lb / 1 kg skin-on, udbenede kyllingelår eller 1 hel kylling i kvarte
- 10 kardemommebælg
- afrundede ¼ tsk hele nelliker
- 2 lange kanelstænger, brækket i to
- 1⅔ kopper / 300 g basmatiris
- 2¼ kopper / 550 ml kogende vand
- 1½ spsk / 5 g fladbladede persilleblade, hakket
- ½ kop / 5 g dildblade, hakket
- ¼ kop / 5 g korianderblade, hakket
- ⅓ kop / 100 g græsk yoghurt, blandet med 2 spsk olivenolie (valgfrit)
- salt og friskkværnet sort peber

INSTRUKTIONER
a) Kom sukker og vand i en lille gryde og varm op til sukkeret er opløst. Fjern fra varmen, tilsæt berberisene og stil dem til side for at trække. Hvis du bruger ribs, behøver du ikke lægge dem i blød på denne måde.

b) I mellemtiden opvarmes halvdelen af olivenolien i en stor sauterpande, som du har låg til, ved middel varme, tilsæt løget og steg i 10 til 15 minutter under omrøring af og til, indtil løget er blevet dybt gyldenbrunt. Overfør løget til en lille skål og tør gryden af.

c) Læg kyllingen i en stor røreskål og krydr med 1½ tsk salt og sort peber. Tilsæt den resterende olivenolie , kardemomme, nelliker og kanel og brug dine hænder til at blande det hele godt sammen. Varm bradepanden op igen og læg kylling og krydderier heri. Steg i 5 minutter på hver side og tag af panden (dette er vigtigt, da det delvist steger kyllingen). Krydderierne kan blive i gryden, men bare rolig, hvis de klæber til kyllingen. Fjern også det meste af den resterende olie, og efterlader kun en tynd hinde i bunden. Tilsæt ris, karameliseret løg, 1 tsk salt og masser af sort peber. Dræn berbererne og tilsæt dem også. Rør godt rundt og kom den stegte kylling tilbage i gryden, og skub den ind i risene.

d) Hæld det kogende vand over ris og kylling, læg låg på gryden og kog ved meget svag varme i 30 minutter. Tag gryden af varmen, fjern låget, læg hurtigt et rent viskestykke over gryden, og luk igen med låget. Lad retten stå uforstyrret i yderligere 10 minutter. Til sidst tilsættes krydderurterne og brug en gaffel til at røre dem i og fluffe risene op. Smag til og tilsæt mere salt og peber, hvis det er nødvendigt. Server varm eller varm med yoghurt, hvis du har lyst.

41. Safran kylling & urtesalat

Gør: 6

INGREDIENSER
- 1 appelsin
- 2½ spsk / 50 g honning
- ½ tsk safran tråde
- 1 spsk hvidvinseddike
- 1¼ kopper / ca. 300 ml vand
- 2¼ lb / 1 kg skind, udbenet kyllingebryst
- 4 spsk olivenolie
- 2 små fennikelløg, skåret i tynde skiver
- 1 kop / 15 g plukkede korianderblade
- ⅔ kop / 15 g plukkede basilikumblade, revet
- 15 plukkede mynteblade, revet
- 2 spsk friskpresset citronsaft
- 1 rød chili, skåret i tynde skiver
- 1 fed hvidløg, knust
- salt og friskkværnet sort peber

INSTRUKTIONER

a) Forvarm ovnen til 400°F / 200°C. Skær og kassér 1 cm fra toppen og halen af appelsinen og skær den i 12 terninger, mens skindet holdes på. Fjern eventuelle frø.

b) Læg skiverne i en lille gryde med honning, safran, eddike og lige nok vand til at dække appelsinbådene. Bring det i kog og lad det simre forsigtigt i cirka en time. Til sidst skal du stå tilbage med blød appelsin og omkring 3 spiseskefulde tyk sirup; tilsæt vand under tilberedningen, hvis væsken bliver meget lav. Brug en foodprocessor til at blende appelsinen og siruppen til en glat, flydende pasta; igen, tilsæt lidt vand, hvis det er nødvendigt.

c) Bland kyllingebrystet med halvdelen af olivenolie og rigeligt salt og peber og læg det på en meget varm rillet stegepande. Steg i cirka 2 minutter på hver side for at få tydelige forkulningsmærker overalt. Overfør til en bradepande og sæt i ovnen i 15 til 20 minutter, indtil den er lige kogt.

d) Når kyllingen er kølig nok til at håndtere, men stadig varm, riv den med hænderne i grove, ret store stykker. Kom i en stor røreskål, hæld halvdelen af appelsinpastaen over og rør godt. (Den anden halvdel kan du opbevare i køleskabet et par dage. Det ville være et godt supplement til en urtesalsa at servere med fed fisk som makrel eller laks.) Tilsæt de resterende ingredienser til salaten, inklusive resten af salaten olivenolie, og vend forsigtigt. Smag til, tilsæt salt og peber, og om nødvendigt mere olivenolie og citronsaft.

42. Kylling sofrito

INGREDIENSER
- 1 spsk solsikkeolie
- 1 lille fritgående kylling, ca. 3¼ lb / 1,5 kg, sommerfuglet eller i kvarte
- 1 tsk sød paprika
- ¼ tsk stødt gurkemeje
- ¼ tsk sukker
- 2½ spsk friskpresset citronsaft
- 1 stort løg, pillet og skåret i kvarte
- solsikkeolie, til stegning
- 1⅔ lb / 750 g Yukon Gold kartofler, skrællet, vasket og skåret i ¾-tommer / 2 cm terninger
- 25 fed hvidløg, usrællede
- salt og friskkværnet sort peber

INSTRUKTIONER

a) Hæld olien i en stor, lav pande eller hollandsk ovn og sæt den over medium varme. Læg kyllingen fladt i gryden med skindsiden nedad og svits i 4 til 5 minutter, indtil den er gyldenbrun. Krydr det hele med paprika, gurkemeje, sukker, ¼ tsk salt, en god kværn sort peber og 1½ spsk af citronsaften. Vend kyllingen, så skindet vender opad, kom løget i gryden og dæk med låg. Skru ned for varmen til lav og kog i i alt ca. 1½ time; dette inkluderer den tid, kyllingen tilberedes med kartoflerne. Løft låget nu og da for at kontrollere mængden af væske i bunden af gryden. Ideen er, at kyllingen skal koge og dampe i sin egen saft, men du skal muligvis tilsætte en lille smule kogende vand, bare så der altid er 5 mm væske i bunden af gryden.

b) Efter kyllingen har kogt i cirka 30 minutter, hæld solsikkeolie i en mellemstor gryde til en dybde på 1¼ inches / 3 cm og anbring den over medium-høj varme. Steg kartofler og hvidløg sammen i et par omgange i cirka 6 minutter per omgang, indtil de tager lidt farve og er sprøde. Brug en hulske til at løfte hver batch væk fra olien og over på køkkenrulle, og drys derefter med salt.

c) Når kyllingen har kogt i 1 time, løftes den op af panden og de stegte kartofler og hvidløg hældes i, mens de røres med kogesaften. Kom kyllingen tilbage i gryden, og læg den oven på kartoflerne i resten af kogetiden, det vil sige 30 minutter. Kyllingen skal falde af benet, og kartoflerne skal ligge i blød i kogevæsken og være helt bløde. Dryp med den resterende citronsaft ved servering.

43. Kofta B'siniyah

Mærker: 18 KOFTA

INGREDIENSER
- ⅔ kop / 150 g lys tahini pasta
- 3 spsk friskpresset citronsaft
- ½ kop / 120 ml vand
- 1 mellemstor fed hvidløg, knust
- 2 spsk solsikkeolie
- 2 spsk / 30 g usaltet smør eller ghee (valgfrit)
- ristede pinjekerner, til pynt
- finthakket fladbladet persille, til pynt
- sød paprika, til pynt
- salt

KOFTA
- 14 oz / 400 g hakket lam
- 14 oz / 400 g hakket kalve- eller oksekød
- 1 lille løg (ca. 5 oz / 150 g), finthakket
- 2 store fed hvidløg, knust
- 7 spsk / 50 g ristede pinjekerner, groft hakket
- ½ kop / 30 g finthakket fladbladet persille
- 1 stor mellemvarm rød chili, frøet og finthakket
- 1½ tsk stødt kanel
- 1½ tsk stødt allehånde
- ¾ tsk revet muskatnød
- 1½ tsk friskkværnet sort peber
- 1½ tsk salt

INSTRUKTIONER

a) Kom alle kofta-ingredienserne i en skål og brug dine hænder til at blande det hele godt sammen. Form nu til lange, torpedo-lignende fingre, ca. 3¼ tommer / 8 cm lange (ca. 2 oz / 60 g hver). Tryk på blandingen for at komprimere den og sikre, at hver kofta er tæt og holder sin form. Anret dem på en tallerken og stil dem på køl, indtil du er klar til at tilberede dem, i op til 1 dag.

b) Forvarm ovnen til 425°F / 220°C. I en mellemstor skål piskes tahinipasta, citronsaft, vand, hvidløg og ¼ tsk salt sammen. Saucen skal være en smule mere flydende end honning; tilsæt 1 til 2 spsk vand, hvis det er nødvendigt.

c) Varm solsikkeolien op i en stor pande ved høj varme og svits koftaen. Gør dette i partier, så de ikke bliver klemt sammen. Svits dem på alle sider, indtil de er gyldenbrune, cirka 6 minutter pr. batch. På dette tidspunkt bør de være medium-sjældne. Løft op af gryden og læg på en bageplade. Hvis du vil tilberede dem medium eller gennemstegte, skal du sætte bagepladen i ovnen nu i 2 til 4 minutter.

d) Hæld tahinsaucen rundt om koftaen, så den dækker bunden af gryden. Hvis du har lyst, så dryp også lidt over koftaen, men lad noget af kødet stå blottet. Sæt i ovnen i et minut eller to, bare for at varme saucen lidt op.

e) I mellemtiden, hvis du bruger smørret, så smelt det i en lille gryde og lad det brune lidt, pas på at det ikke brænder på. Hæld smørret over koftaen, så snart de kommer ud af ovnen. Drys med pinjekerner og persille og drys derefter med paprika. Server med det samme.

44. Oksekødfrikadeller med Fava bønner og citron

Gør: OM 20 FRIKKADELLER

INGREDIENSER
- 4½ spsk olivenolie
- 2⅓ kopper / 350 g fava bønner, friske eller frosne
- 4 hele timiankviste
- 6 fed hvidløg, skåret i skiver
- 8 grønne løg, skåret i en vinkel i ¾-tommer / 2 cm segmenter
- 2½ spsk friskpresset citronsaft
- 2 kopper / 500 ml hønsefond
- salt og friskkværnet sort peber
- 1½ tsk hver hakket fladbladet persille, mynte, dild og koriander til slut

FRIKKADELLER
- 10 oz / 300 g hakket oksekød
- 5 oz / 150 g hakket lam
- 1 mellemstor løg, finthakket
- 1 kop / 120 g brødkrummer
- 2 spsk hver hakket fladbladet persille, mynte, dild og koriander
- 2 store fed hvidløg, knust
- 4 tsk baharat krydderiblanding (købt eller se opskrift)
- 4 tsk stødt spidskommen
- 2 tsk kapers, hakket
- 1 æg, pisket

INSTRUKTIONER

a) Kom alle frikadelleingredienserne i en stor røreskål. Tilsæt ¾ tsk salt og masser af sort peber og bland godt med hænderne. Form til kugler af omtrent samme størrelse som ping-pong kugler. Varm 1 spsk af olivenolien op ved middel varme i en ekstra stor stegepande, som du har låg til. Svits halvdelen af frikadellerne, vend dem, indtil de er brune over det hele, cirka 5 minutter. Fjern, tilsæt yderligere 1½ tsk olivenolie til gryden, og kog den anden omgang frikadeller. Fjern fra panden og tør den ren.

b)   Mens frikadellerne koger, smid favabønnerne i en gryde med rigeligt saltet kogende vand og blancher i 2 minutter. Drænes og genopfriskes under koldt vand. Fjern skindet fra halvdelen af favabønnerne og kassér skindet.

c)   Opvarm de resterende 3 spsk olivenolie ved middel varme i den samme gryde, som du stegte frikadellerne i. Tilsæt timian, hvidløg og grønne løg og svits i 3 minutter. Tilsæt de skrællede favabønner, 1½ spsk citronsaft, ⅓ kop / 80 ml bouillon, ¼ tsk salt og masser af sort peber. Bønnerne skal næsten være dækket af væske. Dæk gryden til og kog ved svag varme i 10 minutter.

d)   Kom frikadellerne tilbage i bradepanden med favabønnerne. Tilsæt den resterende bouillon, dæk gryden til og lad det simre forsigtigt i 25 minutter. Smag saucen til og juster krydringen. Hvis det er meget flydende, så fjern låget og reducer lidt. Når frikadellerne holder op med at koge, vil de opsuge meget af saften, så sørg for, at der stadig er masser af sauce på dette tidspunkt. Du kan lade frikadellerne nu stå væk fra varmen, indtil de skal serveres.

e)   Lige inden servering varmes frikadellerne op igen og lidt vand tilsættes, hvis det er nødvendigt, for at få nok sauce. Tilsæt de resterende krydderurter, den resterende 1 spsk citronsaft og de skrællede favabønner og rør meget forsigtigt. Server straks.

45. Lammefrikadeller med Barberries, Yoghurt & Urter

Gør: OM 20 FRIKKADELLER

INGREDIENSER
- 1⅔ lb / 750 g hakket lam
- 2 mellemstore løg, finthakket
- ⅔ oz / 20 g fladbladet persille, finthakket
- 3 fed hvidløg, knust
- ¾ tsk stødt allehånde
- ¾ tsk stødt kanel
- 6 spsk / 60 g berber
- 1 stort fritgående æg
- 6½ spsk / 100 ml solsikkeolie
- 1½ lb / 700 g banan eller andre store skalotteløg, pillede
- ¾ kop plus 2 spsk / 200 ml hvidvin
- 2 kopper / 500 ml hønsefond
- 2 laurbærblade
- 2 timiankviste
- 2 tsk sukker
- 5 oz / 150 g tørrede figner
- 1 kop / 200 g græsk yoghurt
- 3 spsk blandet mynte, koriander, dild og estragon, groft revet
- salt og friskkværnet sort peber

INSTRUKTIONER
a) Læg lam, løg, persille, hvidløg, allehånde, kanel, berberbær, æg, 1 tsk salt og ½ tsk sort peber i en stor skål. Bland med hænderne, og rul derefter til bolde på størrelse med golfbolde.
b) Varm en tredjedel af olien op ved middel varme i en stor, tykbundet gryde, som du har et tætsluttende låg til. Kom et par frikadeller i og kog og vend dem rundt i et par minutter til de får farve over det hele. Tag op af gryden og stil til side. Tilbered de resterende frikadeller på samme måde.
c) Tør gryden af og tilsæt den resterende olie. Tilsæt skalotteløgene og kog dem ved middel varme i 10 minutter under

jævnlig omrøring, indtil de er gyldenbrune. Tilsæt vinen, lad det boble i et minut eller to, og tilsæt derefter hønsefond, laurbærblade, timian, sukker og lidt salt og peber. Arranger figner og frikadeller mellem og ovenpå skalotteløgene; frikadellerne skal næsten være dækket af væske. Bring i kog, læg låg på, reducer varmen til meget lav, og lad det simre i 30 minutter. Tag låget af og lad det simre i cirka en time mere, indtil saucen er reduceret og intensiveret i smag. Smag til og tilsæt salt og peber hvis det er nødvendigt.

d) Overfør til et stort, dybt serveringsfad. Pisk yoghurten, hæld ovenpå og drys med krydderurterne.

46. Kalkun & Zucchini burgere med grønt løg & spidskommen

Gør: OM 18 BURGERE

INGREDIENSER
- 1 lb / 500 g malet kalkun
- 1 stor zucchini, groft revet (2 kopper / 200 g i alt)
- 3 grønne løg, skåret i tynde skiver
- 1 stort fritgående æg
- 2 spsk hakket mynte
- 2 spsk hakket koriander
- 2 fed hvidløg, knust
- 1 tsk stødt spidskommen
- 1 tsk salt
- ½ tsk friskkværnet sort peber
- ½ tsk cayennepeber
- ca. 6½ spsk / 100 ml solsikkeolie, til brænding

SOURCREAM & SUMAC Sauce
- ½ kop / 100 g creme fraiche
- ⅔ kop / 150 g græsk yoghurt
- 1 tsk revet citronskal
- 1 spsk friskpresset citronsaft
- 1 lille fed hvidløg, knust
- 1½ spsk olivenolie
- 1 spsk sumac
- ½ tsk salt
- ¼ tsk friskkværnet sort peber

INSTRUKTIONER

a) Lav først creme fraiche sauce ved at lægge alle ingredienserne i en lille skål. Rør godt og stil til side eller køl, indtil det skal bruges.

b) Forvarm ovnen til 425°F / 220°C. I en stor skål kombineres alle ingredienserne til frikadellerne undtagen solsikkeolien. Bland med hænderne og form derefter til ca. 18 burgere, der hver vejer ca. 1½ oz / 45 g.

c) Hæld nok solsikkeolie i en stor stegepande til at danne et lag ca. 1/16 tomme / 2 mm tykt på pandens bund. Varm op ved middel varme, indtil de er varme, og svits derefter frikadellerne i portioner på alle sider. Kog hver batch i cirka 4 minutter, tilsæt olie efter behov, indtil de er gyldenbrune.

d) Overfør forsigtigt de svitsede frikadeller til en bageplade beklædt med vokspapir og sæt dem i ovnen i 5 til 7 minutter, eller indtil de lige er gennemstegte. Serveres lun eller ved stuetemperatur, med saucen over eller ved siden af.

47. Langsomt tilberedt kalvekød med svesker og porre

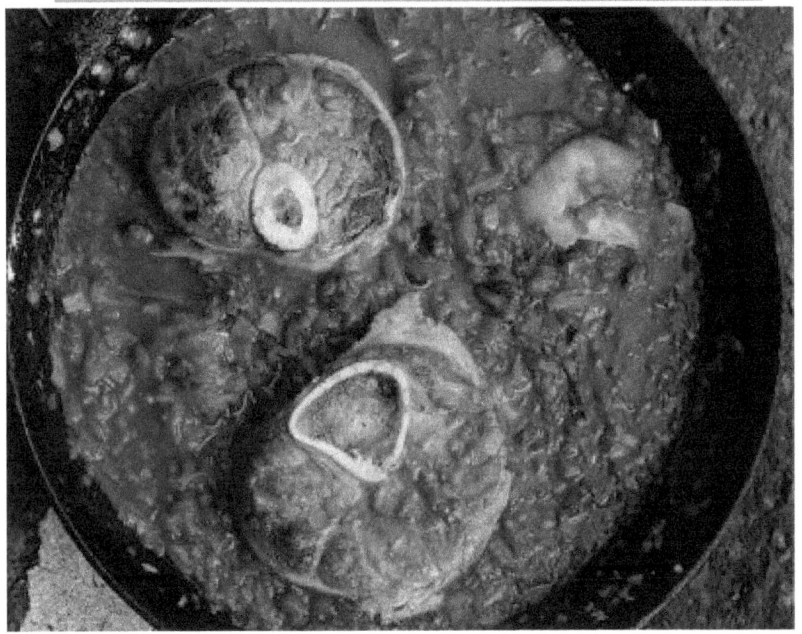

Gør: 4 GENERØST

INGREDIENSER
- ½ kop / 110 ml solsikkeolie
- 4 store osso buco steaks på benet (ca. 2¼ lb / 1 kg i alt)
- 2 store løg, finthakket (ca. 3 kopper / 500 g i alt)
- 3 fed hvidløg, knust
- 6½ spsk / 100 ml tør hvidvin
- 1 kop / 250 ml kylling eller oksefond
- en 14-oz / 400 g dåse hakkede tomater
- 5 timiankviste, blade finthakkede
- 2 laurbærblade
- skal af ½ appelsin i strimler
- 2 små kanelstænger
- ½ tsk stødt allehånde
- 2 stjerneanis
- 6 store porrer, kun hvid del (1¾ lb / 800 g i alt), skåret i ⅔-tommer / 1,5 cm skiver
- 7 oz / 200 g bløde svesker, udstenede
- salt og friskkværnet sort peber
- AT TJENE
- ½ kop / 120 g græsk yoghurt
- 2 spsk finthakket fladbladet persille
- 2 spsk revet citronskal
- 2 fed hvidløg, knust

INSTRUKTIONER
a) Forvarm ovnen til 350°F / 180°C.
b) Varm 2 spsk af olien op i en stor, tykbundet gryde ved høj varme. Steg kalvestykkerne i 2 minutter på hver side, og brun kødet godt. Overfør til et dørslag til afdrypning, mens du forbereder tomatsaucen.
c) Fjern det meste af fedtet fra panden, tilsæt 2 spsk mere af olien og tilsæt løg og hvidløg. Vend tilbage til medium-høj varme

og sauter, rør af og til og skrab bunden af gryden med en træske, i cirka 10 minutter, indtil løgene er bløde og gyldne. Tilsæt vinen, bring det i kog, og lad det simre kraftigt i 3 minutter, indtil det meste er fordampet. Tilsæt halvdelen af fonden, tomater, timian, laurbær, appelsinskal, kanel, allehånde, stjerneanis, 1 tsk salt og lidt sort peber. Rør godt rundt og bring det i kog. Tilsæt kalvestykkerne til saucen og rør rundt.

d) Overfør kalvekødet og saucen til en dyb bradepande på ca. 13 x 9½ inches / 33 x 24 cm, og fordel det jævnt rundt. Dæk med alufolie og sæt i ovnen i 2½ time. Tjek et par gange under tilberedningen for at sikre dig, at saucen ikke bliver for tyk og brænder rundt på siderne; du skal sandsynligvis tilføje lidt vand for at forhindre dette. Kødet er færdigt, når det let kommer væk fra benet. Løft kalvekødet fra saucen og kom det i en stor skål. Når det er køligt nok til at håndtere, pluk alt kødet fra benene og brug en lille kniv til at skrabe al marven ud. Kassér knoglerne.

e) Varm den resterende olie op i en separat stegepande og brun porrerne godt ved høj varme i cirka 3 minutter, mens der røres af og til. Hæld dem over tomatsaucen. Bland derefter sveskerne, den resterende bouillon og pulled meat og knoglemarv sammen i gryden, hvor du lavede tomatsaucen, og hæld dette over porrerne. Dæk igen med folie og fortsæt med at koge i endnu en time. Når det er ude af ovnen, smages til og smages til med salt og mere sort peber, hvis det er nødvendigt.

f) Serveres varm med kold yoghurt på toppen og drysset med en blanding af persille, citronskal og hvidløg.

48. Lammeshawarma

Gør: 8

INGREDIENSER
- 2 tsk sorte peberkorn
- 5 hele nelliker
- ½ tsk kardemomme bælg
- ¼ tsk bukkehornsfrø
- 1 tsk fennikelfrø
- 1 spsk spidskommen frø
- 1 stjerneanis
- ½ kanelstang
- ½ hel muskatnød, revet
- ¼ tsk malet ingefær
- 1 spsk sød paprika
- 1 spsk sumac
- 2½ tsk Maldon havsalt
- 1 oz / 25 g frisk ingefær, revet
- 3 fed hvidløg, knust
- ⅔ kop / 40 g hakket koriander, stilke og blade
- ¼ kop / 60 ml friskpresset citronsaft
- ½ kop / 120 ml jordnøddeolie
- 1 udbenet lammelår, ca. 5½ til 6½ lb / 2,5 til 3 kg
- 1 kop / 240 ml kogende vand

INSTRUKTIONER

a) Kom de første 8 ingredienser i en støbejernspande og tørsteg ved medium-høj varme i et minut eller to, indtil krydderierne begynder at poppe og frigive deres aromaer. Pas på ikke at brænde dem. Tilsæt muskatnød, ingefær og paprika, vend i et par sekunder mere, bare for at opvarme dem, og overfør derefter til en krydderikværn. Forarbe krydderierne til et ensartet pulver. Overfør til en mellemstor skål og rør alle de resterende ingredienser i, undtagen lammet.

b) Brug en lille, skarp kniv til at skære lammelåret et par steder, og lav slidser på 1,5 cm dybe gennem fedtet og kødet, så marinaden kan sive ind. Placer i en stor bradepande og gnid marinaden over det hele. lammet; brug hænderne til at massere kødet godt. Dæk gryden til med aluminiumsfolie og lad den stå i mindst et par timer eller helst på køl natten over.

c) Forvarm ovnen til 325°F / 170°C.

d) Sæt lammet i ovnen med den fede side opad og steg i i alt cirka 4½ time, til kødet er helt mørt. Efter 30 minutters stegning, tilsæt det kogende vand til gryden og brug denne væske til at dryppe kødet hver time eller deromkring. Tilsæt mere vand efter behov, og sørg for, at der altid er omkring 0,5 cm i bunden af gryden. De sidste 3 timer skal du dække lammet med folie for at undgå, at krydderierne brænder på. Når det er færdigt, tag lammet ud af ovnen og lad det hvile i 10 minutter før udskæring og servering.

e) Den bedste måde at servere dette på er efter vores mening inspireret af Israels mest berømte shakshuka spisested (SE OPSKRIFT), Dr. Shakshuka, i Jaffa, ejet af Bino Gabso. Tag seks individuelle pita-lommer og pensl dem rigeligt indeni med et smørepålæg ved at blande ⅔ kop / 120 g hakkede dåsetomater, 2 teskefulde / 20 g harissa-pasta, 4 teskefulde / 20 g tomatpasta, 1 spsk olivenolie og lidt salt og peber. Når lammet er færdigt, varmes pitaerne i en varm rillet stegepande, indtil de får pæne forkulningsmærker på begge sider. Skær det varme lam i skiver, og skær skiverne i ⅔-tommer / 1,5 cm strimler. Hæld dem højt over hver varm pita, hæld lidt af stegevæsken fra panden over, reduceret, og afslut med hakket løg, hakket persille og et drys sumac. Og glem ikke den friske agurk og tomat. Det er en himmelsk ret.

49. Panstegt havaborre med Harissa & Rose

Gør: 2 TIL 4

INGREDIENSER
- 3 spsk harissa pasta (købt eller se opskrift)
- 1 tsk stødt spidskommen
- 4 havaborrefileter, ca. 1 lb / 450 g i alt, flåede og med stiftben fjernet
- universalmel, til afstøvning
- 2 spsk olivenolie
- 2 mellemstore løg, finthakket
- 6½ spsk / 100 ml rødvinseddike
- 1 tsk stødt kanel
- 1 kop / 200 ml vand
- 1½ spsk honning
- 1 spsk rosenvand
- ½ kop / 60 g ribs (valgfrit)
- 2 spsk grofthakket koriander (valgfrit)
- 2 tsk små tørrede spiselige rosenblade
- salt og friskkværnet sort peber

INSTRUKTIONER

a) Mariner først fisken. Bland halvdelen af harissa-pastaen, den stødte spidskommen og ½ tsk salt sammen i en lille skål. Gnid pastaen over hele fiskefileterne og lad dem marinere i 2 timer i køleskabet.

b) Drys fileterne med lidt mel og ryst det overskydende af. Varm olivenolien op i en bred stegepande ved middel-høj varme og steg fileterne i 2 minutter på hver side. Du skal muligvis gøre dette i to partier. Stil fisken til side, lad olien blive i gryden, og tilsæt løgene. Rør mens du koger i cirka 8 minutter, indtil løgene er gyldne.

c) Tilsæt den resterende harissa, eddike, kanel, ½ tsk salt og masser af sort peber. Hæld vandet i, sænk varmen, og lad saucen simre forsigtigt i 10 til 15 minutter, indtil den er ret tyk.

d) Tilsæt honning og rosenvand til gryden sammen med ribs, hvis du bruger, og lad det simre forsigtigt i et par minutter mere. Smag til og juster krydderiet og kom derefter fiskefileterne tilbage i gryden; du kan overlappe dem lidt, hvis de ikke passer helt. Hæld saucen over fiskene og lad dem varme op i den simrende sauce i 3 minutter; du skal muligvis tilføje et par spiseskefulde vand, hvis saucen er meget tyk. Serveres varm eller ved stuetemperatur, drysset med koriander, hvis du bruger, og rosenbladene.

50. Fisk og kapers kebab med brændt aubergine og citronsylte

Gør: 12 KEBABS

INGREDIENSER
- 2 mellemstore auberginer (ca. 1⅔ lb / 750 g i alt)
- 2 spsk græsk yoghurt
- 1 fed hvidløg, knust
- 2 spsk hakket fladbladet persille
- ca 2 spsk solsikkeolie, til stegning
- 2 tsk hurtige syltede citroner
- salt og friskkværnet sort peber
- FISKE KEBABS
- 14 oz / 400 g kuller eller andre hvide fiskefileter, flået og knogler fjernet
- ½ kop / 30 g frisk brødkrummer
- ½ stort fritgående æg, pisket
- 2½ spsk / 20 g kapers, hakket
- ⅔ oz / 20 g dild, hakket
- 2 grønne løg, finthakket
- revet skal af 1 citron
- 1 spsk friskpresset citronsaft
- ¾ tsk stødt spidskommen
- ½ tsk stødt gurkemeje
- ½ tsk salt
- ¼ tsk kværnet hvid peber

INSTRUKTIONER
a) Start med auberginerne. Brænd, skræl og dræn auberginekødet efter instruktionerne i opskriften på brændt aubergine med hvidløg, citron og granatæblekerner . Når det er godt drænet, hakkes kødet groft og lægges i en røreskål. Tilsæt yoghurt, hvidløg, persille, 1 tsk salt og masser af sort peber. Sæt til side.
b) Skær fisken i meget tynde skiver, kun ca. 2 mm tykke. Skær skiverne i små tern og kom dem i en mellemskål . Tilsæt de

resterende ingredienser og rør godt. Fugt dine hænder og form blandingen til 12 bøffer eller fingre, ca. 45 g hver. Anret på en tallerken, dæk med plastfolie, og stil i køleskabet i mindst 30 minutter.

c) Hæld nok olie i en bradepande til at danne en tynd hinde på bunden og sæt den over medium-høj varme. Kog kebaberne i partier i 4 til 6 minutter for hver batch, vend, indtil de er farvet på alle sider og gennemstegte.

d) Server kebaberne, mens de stadig er varme, 3 pr. portion, sammen med den brændte aubergine og en lille mængde syltet citron (forsigtig, citronerne har en tendens til at dominere).

51. Panstegt makrel med gylden roer & appelsinsalsa

Gør: 4 SOM STARTER

INGREDIENSER
- 1 spsk harissa pasta (købt i butikken eller se opskrift)
- 1 tsk stødt spidskommen
- 4 makrelfileter (ca. 9 oz / 260 g i alt), med skind
- 1 mellemstor gylden bede (3½ oz / 100 g i alt)
- 1 medium orange
- 1 lille citron, halveret i bredden
- ¼ kop / 30 g udstenede Kalamata-oliven, delt i kvarte på langs
- ½ lille rødløg, finthakket (¼ kop / 40 g i alt)
- ¼ kop / 15 g hakket fladbladet persille
- ½ tsk korianderfrø, ristet og knust
- ¾ tsk spidskommen, ristet og knust
- ½ tsk sød paprika
- ½ tsk chiliflager
- 1 spsk hassel- eller valnøddeolie
- ½ tsk olivenolie
- salt

INSTRUKTIONER

a) Bland harissa-pastaen, stødt spidskommen og en knivspids salt sammen og gnid blandingen ind i makrelfileterne. Stil til side i køleskabet, indtil den skal tilberedes.

b) Kog rødbederne i rigeligt vand i cirka 20 minutter (det kan tage meget længere tid afhængig af sorten), indtil et spyd glider glat ind. Lad det køle af, skræl derefter, skær i 0,5 cm terninger og kom i en røreskål.

c) Skræl appelsinen og 1 citronhalvdel, fjern al den yderste marv, og skær dem i kvarte. Fjern den midterste marv og eventuelle frø og skær kødet i 0,5 cm terninger. Tilføj til rødbederne sammen med oliven, rødløg og persille.

d) I en separat skål blandes krydderierne, saften af den resterende citronhalvdel og nøddeolien sammen. Hæld dette på røre- og appelsinblandingen, rør rundt og smag til med salt. Det er bedst at lade salsaen stå ved stuetemperatur i mindst 10 minutter for at lade alle smagene blande sig.

e) Lige inden servering opvarmes olivenolien i en stor slip-let stegepande ved middel varme. Læg makrelfileterne med skindsiden nedad i gryden, og steg, vend én gang, i cirka 3 minutter, indtil de er gennemstegte. Overfør til tallerkener og kom salsaen ovenpå.

52. Torskekager i tomatsauce

Gør: 4

INGREDIENSER
- 3 skiver hvidt brød, skorper fjernet (ca. 2 oz / 60 g i alt)
- 1⅓ lb / 600 g torsk, helleflynder, kulmule eller sejfilet, flået og stiftben fjernet
- 1 mellemstor løg, finthakket (ca. 1 kop / 150 g i alt)
- 4 fed hvidløg, knust
- 1 oz / 30 g fladbladet persille, finthakket
- 1 oz / 30 g koriander, finthakket
- 1 spsk stødt spidskommen
- 1½ tsk salt
- 2 ekstra store fritgående æg, pisket
- 4 spsk olivenolie
- TOMATSOVS
- 2½ spsk olivenolie
- 1½ tsk stødt spidskommen
- ½ tsk sød paprika
- 1 tsk stødt koriander
- 1 mellemstor løg, hakket
- ½ kop / 125 ml tør hvidvin
- en 14-oz / 400 g dåse hakkede tomater
- 1 rød chili, frøet og finthakket
- 1 fed hvidløg, knust
- 2 tsk superfint sukker
- 2 spsk mynteblade, groft hakket
- salt og friskkværnet sort peber

INSTRUKTIONER

a) Først laver du tomatsaucen. Varm olivenolien op ved middel varme i en meget stor stegepande, som du har låg til. Tilsæt krydderier og løg og steg i 8 til 10 minutter, indtil løget er helt blødt. Tilsæt vinen og lad det simre i 3 minutter. Tilsæt tomater, chili, hvidløg, sukker, ½ tsk salt og lidt sort peber. Lad det simre i cirka 15 minutter, indtil det er ret tykt. Smag til for at justere krydringen og sæt til side.

b) Mens saucen koger, laver du fiskefrikadellerne. Kom brødet i en foodprocessor og blend det til brødkrummer. Hak fisken meget fint og læg den i en skål sammen med brødet og alt muligt andet, undtagen olivenolien. Bland godt sammen, og brug derefter dine hænder til at forme blandingen til kompakte kager på ca. ¾ tomme / 2 cm tykke og 3¼ inches / 8 cm i diameter. Du skal have 8 kager. Hvis de er meget bløde, så stil dem på køl i 30 minutter for at blive stive. (Du kan også tilføje nogle tørrede brødkrummer til blandingen, men gør dette sparsomt; kagerne skal være ret våde.)

c) Varm halvdelen af olivenolien op i en stegepande ved middelhøj varme, tilsæt halvdelen af kagerne og svits i 3 minutter på hver side, indtil de har fået en god farve. Gentag med de resterende kager og olie.

d) Læg forsigtigt de svitsede kager side om side i tomatsaucen; du kan klemme dem lidt, så de passer alle sammen. Tilsæt lige nok vand til at dække kagerne delvist (ca. 1 kop / 200 ml). Dæk gryden med låg og lad det simre ved meget lav varme i 15 til 20 minutter. Sluk for varmen, og lad kagerne hvile uden låg i mindst 10 minutter, før de serveres lune eller ved stuetemperatur, drysset med mynte.

53. Grillede fiskespyd med hawayej & persille

Gør: 4 TIL 6

INGREDIENSER
- 2¼ lb / 1 kg faste hvide fiskefileter, såsom havtaske eller helleflynder, flået, stiftben fjernet og skåret i 1-tommers / 2,5 cm terninger
- 1 kop / 50 g finthakket fladbladet persille
- 2 store fed hvidløg, knust
- ½ tsk chiliflager
- 1 spsk friskpresset citronsaft
- 2 spsk olivenolie
- salt
- citronbåde, til servering
- 15 til 18 lange bambusspyd, udblødt i vand i 1 time
- HAWAYEJ KRYDDEREMIX
- 1 tsk sorte peberkorn
- 1 tsk korianderfrø
- 1½ tsk spidskommen frø
- 4 hele nelliker
- ½ tsk stødt kardemomme
- 1½ tsk stødt gurkemeje

INSTRUKTIONER
a) Start med hawayej-blandingen. Læg peberkorn, koriander, spidskommen og nelliker i en krydderikværn eller morter og arbejd til det er fint malet. Tilsæt den malede kardemomme og gurkemeje, rør godt rundt og overfør til en stor røreskål.
b) Læg fisk, persille, hvidløg, chiliflager, citronsaft og 1 tsk salt i skålen med hawayej-krydderierne. Bland godt med hænderne, masser fisken i krydderiblandingen, indtil alle stykker er godt belagt. Dæk skålen til, og lad den helst marinere i køleskabet i 6 til 12 timer. Hvis du ikke kan spare den tid, så fortvivl ikke; en time burde også være fint.

c) Stil en rillet stegepande over høj varme og lad den stå i cirka 4 minutter, indtil den er varm. Træk imens fiskestykkerne på spyddene, 5 til 6 stykker på hver, og sørg for at efterlade mellemrum mellem stykkerne. Pensl forsigtigt fisken med lidt olivenolie og læg spyddene på den varme bageplade i 3 til 4 omgange, så de ikke er for tæt på hinanden. Grill i cirka 1½ minut på hver side, indtil fisken er lige gennemstegt. Alternativt kan du tilberede dem på en grill eller under en slagtekylling, hvor de vil tage cirka 2 minutter på hver side at tilberede.

d) Server straks med citronbåde.

54. Rejer, kammuslinger og muslinger med tomat og feta

Gør: 4 SOM STARTER

INGREDIENSER
- 1 kop / 250 ml hvidvin
- 2¼ lb / 1 kg muslinger, skrubbet
- 3 fed hvidløg, skåret i tynde skiver
- 3 spsk olivenolie, plus ekstra til slut
- 3½ kopper / 600 g skrællede og hakkede italienske blommetomater (friske eller dåse)
- 1 tsk superfint sukker
- 2 spsk hakket oregano
- 1 citron
- 7 oz / 200 g tigerrejer, pillet og afvinet
- 7 oz / 200 g store kammuslinger (hvis meget store, skåret i halve vandret)
- 4 oz / 120 g fetaost, skåret i ¾-tommer / 2 cm stykker
- 3 grønne løg, skåret i tynde skiver
- salt og friskkværnet sort peber

INSTRUKTIONER
a) Kom vinen i en mellemstor gryde og kog indtil den er reduceret med tre fjerdedele. Tilsæt muslinger, dæk straks med et låg, og kog ved høj varme i cirka 2 minutter, ryst gryden af og til, indtil muslingerne åbner sig. Overfør til en fin sigte til afdrypning, og opfang madlavningssaften i en skål. Kassér alle muslinger, der ikke åbner sig, og fjern derefter resten fra deres skaller, og lad nogle få med deres skaller for at afslutte retten, hvis du vil.

b) Forvarm ovnen til 475°F / 240°C.

c) I en stor stegepande steges hvidløget i olivenolien ved medium-høj varme i cirka 1 minut, indtil det er gyldent. Tilsæt forsigtigt tomater, muslingevæske, sukker, oregano og lidt salt og peber. Barber 3 skalstrimler fra citronen, tilsæt dem og lad det simre forsigtigt i 20 til 25 minutter, indtil saucen tykner. Smag til og tilsæt salt og peber efter behov. Kassér citronskal.

d) Tilsæt rejerne og kammuslingerne, rør forsigtigt rundt og kog i blot et minut eller to. Fold de afskallede muslinger i og kom det hele over i et lille ovnfast fad. Synk fetastykkerne ned i saucen og drys med det grønne løg. Top med nogle muslinger i deres skaller, hvis du kan lide det, og sæt i ovnen i 3 til 5 minutter, indtil toppen farver lidt, og rejerne og kammuslingerne er lige kogte. Tag fadet ud af ovnen, pres lidt citronsaft ovenpå, og afslut med et skvæt olivenolie.

55. Laksesteaks i Chraimeh-sauce

Gør: 4

INGREDIENSER
- ½ kop / 110 ml solsikkeolie
- 3 spsk universalmel
- 4 laksebøffer, ca. 1 lb / 950 g
- 6 fed hvidløg, groft hakket
- 2 tsk sød paprika
- 1 spsk kommenfrø, tørristede og friskkværnede
- 1½ tsk stødt spidskommen
- afrundet ¼ tsk cayennepeber
- afrundet ¼ tsk stødt kanel
- 1 grøn chili, groft hakket
- ⅔ kop / 150 ml vand
- 3 spsk tomatpure
- 2 tsk superfint sukker
- 1 citron, skåret i 4 tern, plus 2 spsk friskpresset citronsaft
- 2 spsk grofthakket koriander
- salt og friskkværnet sort peber

INSTRUKTIONER

a) Varm 2 spsk af solsikkeolien op ved høj varme i en stor stegepande, som du har låg til. Kom melet i en lav skål, smag rigeligt til med salt og peber, og smid fisken heri. Ryst det overskydende mel af og svits fisken i et minut eller to på hver side, til den er gylden. Fjern fisken og tør panden af.

b) Kom hvidløg, krydderier, chili og 2 spsk solsikkeolie i en foodprocessor og blend til en tyk pasta. Du skal muligvis tilføje lidt mere olie for at samle det hele.

c) Hæld den resterende olie i bradepanden, varm godt op, og tilsæt krydderimassen. Rør rundt og steg i kun 30 sekunder, så krydderierne ikke brænder på. Tilsæt hurtigt, men forsigtigt (det kan spytte!) vandet og tomatpureen for at stoppe krydderierne i at koge. Bring det i kog og tilsæt sukker, citronsaft, ¾ tsk salt og lidt peber. Smag til krydderier.

d) Kom fisken i saucen, lad det koge let op, læg låg på gryden og kog i 7 til 11 minutter, afhængig af fiskens størrelse, til den lige er færdig. Tag gryden af varmen, tag låget af og lad den køle af. Server fisken lige varm eller ved stuetemperatur. Pynt hver portion med koriander og en skive citron.

56. Marineret sød og sur fisk

Gør: 4

INGREDIENSER
- 3 spsk olivenolie
- 2 mellemstore løg, skåret i ⅜-tommer / 1 cm skiver (3 kopper / 350 g i alt)
- 1 spsk korianderfrø
- 2 peberfrugter (1 rød og 1 gul), halveret på langs, frøet og skåret i strimler ⅜ tomme / 1 cm brede (3 kopper / 300 g i alt)
- 2 fed hvidløg, knust
- 3 laurbærblade
- 1½ spsk karrypulver
- 3 tomater, hakkede (2 kopper / 320 g i alt)
- 2½ spsk sukker
- 5 spsk cidereddike
- 1 lb / 500 g sej, torsk, helleflynder, kuller eller andre hvide fiskefileter, delt i 4 lige store stykker
- krydret universalmel, til afstøvning
- 2 ekstra store æg, pisket
- ⅓ kop / 20 g hakket koriander

salt og friskkværnet sort peber

INSTRUKTIONER
a) Forvarm ovnen til 375°F / 190°C.
b) Varm 2 spsk af olivenolien op i en stor ovnfast bradepande eller hollandsk ovn ved middel varme. Tilsæt løg og korianderfrø og steg i 5 minutter, mens du rører ofte. Tilsæt peberfrugt og kog i yderligere 10 minutter. Tilsæt hvidløg, laurbærblade, karry og tomater, og kog i yderligere 8 minutter, mens du rører af og til. Tilsæt sukker, eddike, 1½ tsk salt og lidt sort peber og fortsæt med at koge i yderligere 5 minutter.
c) Imens opvarmes de resterende 1 spsk olie i en separat stegepande over medium-høj varme. Drys fisken med lidt salt, dyp i melet og derefter i æggene og steg i ca. 3 minutter, vend én

gang. Overfør fisken til køkkenrulle for at absorbere den overskydende olie, og tilsæt derefter til gryden med peberfrugt og løg, og skub grøntsagerne til side, så fisken sidder i bunden af gryden. Tilsæt nok vand til at nedsænke fisken (ca. 1 kop / 250 ml) i væsken.

d) Sæt gryden i ovnen i 10 til 12 minutter, indtil fisken er tilberedt. Tag den ud af ovnen og lad den køle af til stuetemperatur. Fisken kan nu serveres, men den er faktisk bedre efter en dag eller to i køleskabet. Inden servering smages og tilsættes salt og peber, hvis det er nødvendigt, og pyntes med koriander.

57. Butternut Squash & Tahini Spread

Gør: 6 TIL 8

INGREDIENSER
- 1 meget stor butternut squash (ca. 2½ lb / 1,2 kg), skrællet og skåret i stykker (7 kopper / 970 g i alt)
- 3 spsk olivenolie
- 1 tsk stødt kanel
- 5 spsk / 70 g lys tahini pasta
- ½ kop / 120 g græsk yoghurt
- 2 små fed hvidløg, knust
- 1 tsk blandede sorte og hvide sesamfrø (eller bare hvide, hvis du ikke har sorte)
- 1½ tsk daddelsirup
- 2 spsk hakket koriander (valgfrit)
- salt

INSTRUKTIONER
a) Forvarm ovnen til 400°F / 200°C.
b) Fordel squashen ud i en mellemstor bradepande. Hæld olivenolien over og drys kanel og ½ tsk salt på. Bland godt sammen, dæk gryden tæt med aluminiumsfolie og steg i ovnen i 70 minutter, mens du rører én gang under tilberedningen. Tag ud af ovnen og lad det køle af.
c) Overfør squashen til en foodprocessor sammen med tahin, yoghurt og hvidløg. Pulser groft, så det hele samles til en grov pasta, uden at smøringen bliver glat; du kan også gøre dette i hånden ved hjælp af en gaffel eller kartoffelmoser.
d) Fordel butternuten i et bølget mønster over en flad tallerken og drys med sesamfrø, dryp siruppen over og afslut med koriander, hvis du bruger.

58. Polpettone

Gør: 8

INGREDIENSER
- 3 store fritgående æg
- 1 spsk hakket fladbladet persille
- 2 tsk olivenolie
- 1 lb / 500 g hakket oksekød
- 1 kop / 100 g brødkrummer
- ½ kop / 60 g usaltede pistacienødder
- ½ kop / 80 g cornichoner (3 eller 4), skåret i ⅜-tommer / 1 cm stykker
- 7 oz / 200 g kogt oksetunge (eller skinke), skåret i tynde skiver
- 1 stor gulerod, skåret i stykker
- 2 selleristængler, skåret i stykker
- 1 kvist timian
- 2 laurbærblade
- ½ løg, skåret i skiver
- 1 tsk kyllingefond
- kogende vand, til at lave mad
- salt og friskkværnet sort peber

SALSINA VERDE
- 2 oz / 50 g fladbladede persillekviste
- 1 fed hvidløg, knust
- 1 spsk kapers
- 1 spsk friskpresset citronsaft
- 1 spsk hvidvinseddike
- 1 stort fritgående æg, hårdkogt og pillet
- ⅔ kop / 150 ml olivenolie
- 3 spsk brødkrummer, gerne friske
- salt og friskkværnet sort peber

INSTRUKTIONER

a) Start med at lave en flad omelet. Pisk 2 af æggene, den hakkede persille og en knivspids salt sammen. Varm olivenolien op i en stor stegepande (ca. 28 cm i diameter) ved middel varme og hæld æggene i. Kog i 2 til 3 minutter, uden at røre, indtil æggene sætter sig i en tynd omelet. Stil til side for at køle af.

b) I en stor skål blandes oksekød, brødkrummer, pistacienødder, cornichoner, det resterende æg, 1 tsk salt og ½ tsk peber sammen. Læg et stort rent viskestykke (du ønsker måske at bruge et gammelt, du ikke har noget imod at slippe af med; at rense det vil være en lille trussel) over din arbejdsflade. Tag nu kødblandingen og fordel den på håndklædet, form den med dine hænder til en rektangulær skive, ⅜ tomme / 1 cm tyk og cirka 12 x 10 inches / 30 x 25 cm. Hold kanterne af kluden klare.

c) Dæk kødet med tungeskiverne, efterlad 2 cm rundt om kanten. Skær omeletten i 4 brede strimler og fordel dem jævnt over tungen.

d) Løft kluden for at hjælpe dig med at rulle kødet indad fra en af dets brede sider. Fortsæt med at rulle kødet til en stor pølseform, og brug håndklædet til at hjælpe dig. Til sidst vil du have et stramt, gelérullelignende brød, med hakkebøffen udenpå og omeletten i midten. Dæk brødet med håndklædet, pak det godt ind, så det er forseglet indeni. Bind enderne med snor og stik eventuelt overskydende klæde under bjælken, så du ender med et tæt bundet bundt.

e) Placer bundtet i en stor pande eller hollandsk ovn. Smid gulerod, selleri, timian, laurbær, løg og fond omkring brødet og hæld kogende vand over, så det næsten dækker det. Dæk gryden med låg og lad det simre i 2 timer.

f) Fjern brødet fra panden og stil det til side, så noget af væsken kan dryppe af (pocheringsfonden ville være en god suppebase). Efter cirka 30 minutter, læg noget tungt ovenpå for at fjerne mere af saften. Når det når stuetemperatur, sættes kødbrødet i køleskabet, stadig dækket af klæde, for at køle grundigt af i 3 til 4 timer.

g) Til saucen puttes alle ingredienserne i en foodprocessor og pulseres til en groft konsistens (eller, for et rustikt look, hak persille , kapers og æg i hånden og rør sammen med resten af ingredienserne). Smag til og juster krydringen.

h) For at servere skal du fjerne brødet fra håndklædet, skære det i skiver på 1 cm tykke og lægge dem på en tallerken. Servér saucen ved siden af.

59. Forkullede okra med tomat

Gør: 2 SOM SÆRK

INGREDIENSER
- 10½ oz / 300 g baby eller meget lille okra
- 2 spsk olivenolie, plus mere hvis nødvendigt
- 4 fed hvidløg, skåret i tynde skiver
- ⅔ oz / 20 g konserveret citronskal (købt i butikken eller se opskrift), skåret i ⅜-tommer / 1 cm terninger
- 3 små tomater (7 oz / 200 g i alt), skåret i 8 terninger eller halverede cherrytomater
- 1½ tsk hakket fladbladet persille
- 1½ tsk hakket koriander
- 1 spsk friskpresset citronsaft
- Maldon havsalt og friskkværnet sort peber

INSTRUKTIONER

a) Brug en lille, skarp frugtkniv til at trimme okrabælgerne, og fjern stilken lige over bælgen for ikke at blotte frøene.

b) Stil en stor, tykbundet bradepande over høj varme og lad stå i et par minutter. Når den er næsten rødglødende, smid okraen i to omgange og tørkogning, ryst gryden af og til i 4 minutter pr. batch. Okrabælgene skal af og til have mørke blærer.

c) Kom al den forkullede okra tilbage i gryden og tilsæt olivenolie, hvidløg og konserveret citron. Steg i 2 minutter, mens du ryster panden. Reducer varmen til medium og tilsæt tomater, 2 spsk vand, de hakkede krydderurter, citronsaft og ½ tsk salt og lidt sort peber. Rør det hele forsigtigt sammen, så tomaterne ikke går i stykker, og steg videre i 2 til 3 minutter, indtil tomaterne er gennemvarme. Overfør til et serveringsfad, dryp med mere olivenolie, tilsæt et drys salt og server.

60. Brændt aubergine med Granatæblekerner

Gør: 4 SOM DEL AF EN MEZE-PLADE
INGREDIENSER
- 4 store auberginer (3¼ lb / 1,5 kg før tilberedning; 2½ kopper / 550 g efter brænding og afdrypning af kødet)
- 2 fed hvidløg, knust
- revet skal af 1 citron og 2 spsk friskpresset citronsaft
- 5 spsk olivenolie
- 2 spsk hakket fladbladet persille
- 2 spsk hakket mynte
- kerner af ½ stort granatæble (½ kop / 80 g i alt)
- salt og friskkværnet sort peber

INSTRUKTIONER

a) Hvis du har en gaskomfur, beklæd bunden med aluminiumsfolie for at beskytte den, og hold kun brænderne udsat. Placer auberginerne direkte på fire separate gasbrændere med medium flammer og steg i 15 til 18 minutter, indtil skindet er brændt og flaget, og kødet er blødt. Brug en metaltang til at vende dem indimellem. Alternativt kan du skære auberginerne med en kniv et par steder, cirka 2 cm dybe, og lægge dem på en bageplade under en varm slagtekylling i cirka en time. Vend dem rundt hvert 20. minut eller deromkring, og fortsæt med at koge, selvom de brister og går i stykker.

b) Tag auberginerne af varmen og lad dem køle lidt af. Når den er kølig nok til at håndtere, skærer du en åbning langs hver aubergine og tager det bløde kød ud, og deler det med hænderne i lange tynde strimler. Kassér huden. Dræn kødet i et dørslag i mindst en time, gerne længere, for at komme af med så meget vand som muligt.

c) Læg auberginekødet i en mellemstor skål og tilsæt hvidløg, citronskal og -saft, olivenolie, ½ tsk salt og en god kværn sort peber. Rør rundt og lad auberginen marinere ved stuetemperatur i mindst en time.

d) Når du er klar til servering, blandes de fleste krydderurter i og smages til. Læg dem højt på en tallerken, drys granatæblekernerne på og pynt med de resterende krydderurter.

61. Tabbouleh

Gør: 4 GENERØST

INGREDIENSER
- ½ kop / 30 g fin bulgurhvede
- 2 store tomater, modne, men faste (10½ oz / 300 g i alt)
- 1 skalotteløg, finthakket (3 spsk / 30 g i alt)
- 3 spsk friskpresset citronsaft, plus lidt ekstra til slut
- 4 store bundter fladbladet persille (5½ oz / 160 g i alt)
- 2 bundter mynte (1 oz / 30 g i alt)
- 2 tsk stødt allehånde
- 1 tsk baharat krydderiblanding (købt eller se opskrift)
- ⅓ kop / 80 ml olivenolie af topkvalitet
- frø af cirka ½ stort granatæble (½ kop / 70 g i alt), valgfrit
- salt og friskkværnet sort peber

INSTRUKTIONER

a) Kom bulguren i en fin sigte og kør under koldt vand, indtil vandet, der kommer igennem, ser klart ud, og det meste af stivelsen er fjernet. Overfør til en stor røreskål.

b) Brug en lille takket kniv til at skære tomaterne i skiver 0,5 cm tykke. Skær hver skive i ¼-tommer / 0,5 cm strimler og derefter i terninger. Tilsæt tomaterne og deres saft i skålen sammen med skalotteløg og citronsaft og rør godt.

c) Tag et par kviste persille og pak dem tæt sammen. Brug en stor, meget skarp kniv til at klippe de fleste stilke af og kassere. Brug nu kniven til at flytte stilkene og bladene op, mens du gradvist "fodre" kniven for at rive persillen så fint som muligt og forsøge at undgå at skære stykker bredere end 1/16 tomme / 1 mm. Tilføj til skålen.

d) Pluk myntebladene af stilkene, pak et par stramt sammen, og riv dem fint, som du gjorde persillen; hak dem ikke for meget, da de har tendens til at misfarve. Tilføj til skålen.

e) Til sidst tilsættes allehånde, baharat, olivenolie, granatæble, hvis du bruger, og lidt salt og peber. Smag til, og tilsæt mere salt og peber, hvis du har lyst, eventuelt en lille smule citronsaft, og server.

62. Brændte kartofler med karamel og svesker

Gør: 4

INGREDIENSER
- 2¼ lb / 1 kg melede kartofler, såsom rødbrun
- ½ kop / 120 ml gåsefedt
- 5 oz / 150 g hele bløde Agen svesker, udstenede
- ½ kop / 90 g superfint sukker
- 3½ spsk / 50 ml isvand
- salt

INSTRUKTIONER

a) Forvarm ovnen til 475°F / 240°C.

b) Skræl kartoflerne, lad de små være hele og halver de større, så du ender med stykker på omkring 60 g. Skyl under koldt vand, og læg derefter kartoflerne i en stor gryde med rigeligt frisk koldt vand. Bring i kog, og lad det simre i 8 til 10 minutter. Dræn kartoflerne godt, og ryst derefter dørslaget for at gøre deres kanter ru.

c) Læg gåsefedtet i en bradepande og varm det i ovnen, til det ryger, cirka 8 minutter. Tag forsigtigt gryden ud af ovnen og tilsæt de kogte kartofler til det varme fedtstof med en metaltang, rul dem rundt i fedtstoffet, mens du gør det. Sæt forsigtigt gryden på den højeste rille i ovnen og kog i 50 til 65 minutter, eller indtil kartoflerne er gyldne og sprøde på ydersiden. Vend dem fra tid til anden, mens de koger.

d) Når kartoflerne er næsten klar, tages bakken ud af ovnen og væltes den over en varmefast skål for at fjerne det meste af fedtet. Tilsæt ½ tsk salt og sveskerne og rør forsigtigt. Kom tilbage i ovnen i yderligere 5 minutter.

e) I løbet af denne tid laver du karamellen. Kom sukkeret i en ren, tykbundet gryde og sæt det over svag varme. Uden at røre, se sukkeret få en fyldig karamelfarve. Sørg for at holde øjnene på sukkeret hele tiden. Så snart du når denne farve, skal du fjerne gryden fra varmen. Hold gryden i sikker afstand fra dit ansigt, og hæld hurtigt isvandet i karamellen for at forhindre den i at koge. Vend tilbage til varmen og rør rundt for at fjerne eventuelle sukkerknalder.

f) Inden servering røres karamellen i kartoflerne og sveskerne. Overfør til en serveringsskål og spis med det samme.

63. Chard med Tahini, Yoghurt & Smørede Pinjekerner

Gør: 4

INGREDIENSER
- 2¾ lb / 1,3 kg Chard
- 2½ spsk / 40 g usaltet smør
- 2 spsk olivenolie, plus ekstra til slut
- 5 spsk / 40 g pinjekerner
- 2 små fed hvidløg, skåret meget tynde
- ¼ kop / 60 ml tør hvidvin
- sød paprika, til pynt (valgfrit)
- salt og friskkværnet sort peber

TAHINI & YOGHURTSAUCE
- 3½ spsk / 50 g lys tahini pasta
- 4½ spsk / 50 g græsk yoghurt
- 2 spsk friskpresset citronsaft
- 1 fed hvidløg, knust
- 2 spsk vand

INSTRUKTIONER

a) Start med saucen. Kom alle ingredienserne i en mellemstor skål, tilsæt en knivspids salt og rør godt med et lille piskeris, indtil du får en glat, halvstiv pasta. Sæt til side.

b) Brug en skarp kniv til at skille de hvide mangoldstilke fra de grønne blade og skær begge i skiver ¾ tomme / 2 cm brede, hold dem adskilt. Bring en stor gryde med saltet vand i kog og tilsæt mangoldstilkene. Lad det simre i 2 minutter, tilsæt bladene og kog i yderligere et minut. Afdryp og skyl godt under koldt vand. Lad vandet løbe ud og brug derefter hænderne til at klemme manolden, indtil den er helt tør.

c) Kom halvdelen af smørret og de 2 spsk olivenolie i en stor stegepande og sæt dem over medium varme. Når de er varme, tilsæt pinjekernerne og vend dem i gryden, indtil de er gyldne, cirka 2 minutter. Brug en hulske til at fjerne dem fra gryden, og smid derefter hvidløg i. Kog i cirka et minut, indtil det begynder at blive gyldent. Hæld forsigtigt (det vil spytte!) vinen i. Lad stå i et minut eller mindre, indtil det reduceres til omkring en tredjedel. Tilsæt manolden og resten af smørret og kog i 2 til 3 minutter under omrøring af og til, indtil manolden er helt varm. Smag til med ½ tsk salt og lidt sort peber.

d) Fordel mangolden i de enkelte serveringsskåle, kom lidt tahinsauce ovenpå og drys pinjekernerne over. Dryp til sidst med olivenolie og drys med lidt paprika, hvis du har lyst.

64. Safranris med berberbær, pistacie og blandede urter

Gør: 6

INGREDIENSER
- 2½ spsk / 40 g usaltet smør
- 2 kopper / 360 g basmatiris, skyllet under koldt vand og drænet godt
- 2⅓ kopper / 560 ml kogende vand
- 1 tsk safran tråde, udblødt i 3 spsk kogende vand i 30 minutter
- ¼ kop / 40 g tørrede berberbær, gennemblødt i et par minutter i kogende vand med en knivspids sukker
- 1 oz / 30 g dild, groft hakket
- ⅔ oz / 20 g kørvel, groft hakket
- ⅓ oz / 10 g estragon, groft hakket
- ½ kop / 60 g skårne eller knuste usaltede pistacienødder, let ristede
- salt og friskkværnet hvid peber

INSTRUKTIONER

a) Smelt smørret i en mellemstor gryde og rør risene i, og sørg for, at kornene er godt dækket af smør. Tilsæt kogende vand, 1 tsk salt og lidt hvid peber. Bland godt, dæk med et tætsluttende låg og lad det koge ved meget lav varme i 15 minutter. Lad dig ikke friste til at afdække panden; du bliver nødt til at lade risene dampe ordentligt.

b) Fjern risgryden fra varmen - alt vandet vil være blevet absorberet af risene - og hæld safranvandet over den ene side af risene, dækker omkring en fjerdedel af overfladen og efterlader størstedelen af den hvid. Dæk straks gryden til med et viskestykke og luk tæt med låget. Stil til side i 5 til 10 minutter.

c) Brug en stor ske til at fjerne den hvide del af risene i en stor røreskål og fluff den op med en gaffel. Dræn berberisene og rør dem i, efterfulgt af krydderurterne og det meste af pistacienødderne, lad et par stykker tilbage til pynt. Bland godt. Pluk safranrisene med en gaffel og fold dem forsigtigt i de hvide ris. Bland ikke for meget – du ønsker ikke, at de hvide korn skal farves af det gule. Smag til og juster krydringen. Overfør risene til en lav serveringsskål og fordel de resterende pistacienødder ovenpå. Serveres lun eller ved stuetemperatur.

65. Sabih

Gør: 4

INGREDIENSER
- 2 store auberginer (ca. 1⅔ lb / 750 g i alt)
- ca. 1¼ kopper / 300 ml solsikkeolie
- 4 skiver hvidt brød af god kvalitet, ristet eller friske og fugtige mini pitas
- 1 kop / 240 ml Tahinisauce
- 4 store fritgående æg, hårdkogte, pillede og skåret i 1 cm tykke skiver eller i kvarte
- omkring 4 spsk Zhoug
- amba eller velsmagende mango pickle (valgfrit)
- salt og friskkværnet sort peber

HACKET SALAT
- 2 mellemmodne tomater, skåret i ⅜-tommer / 1 cm terninger (ca. 1 kop / 200 g i alt)
- 2 mini-agurker, skåret i 1 cm-terninger (ca. 1 kop / 120 g i alt)
- 2 grønne løg, skåret i tynde skiver
- 1½ spsk hakket fladbladet persille
- 2 tsk friskpresset citronsaft
- 1½ spsk olivenolie

INSTRUKTIONER
a) Brug en grøntsagsskræller til at skrælle strimler af auberginehud væk fra top til bund, og efterlader auberginerne med skiftevis strimler af sort skind og hvidt kød, som zebra. Skær begge auberginer i bredden i skiver 1 tomme / 2,5 cm tykke. Drys dem på begge sider med salt, fordel dem derefter på en bageplade og lad dem stå i mindst 30 minutter for at fjerne lidt vand. Brug papirhåndklæder til at tørre dem af.
b) Varm solsikkeolien op i en bred stegepande. Steg forsigtigt - olien spytter - aubergineskiverne i portioner, indtil de er pæne og mørke, vend én gang, 6 til 8 minutter i alt. Tilsæt olie, hvis det er

nødvendigt, mens du tilbereder portionerne. Når de er færdige, skal auberginestykkerne være helt møre i midten. Tag af panden og afdryp på køkkenrulle.

c) Lav den hakkede salat ved at blande alle ingredienserne sammen og smag til med salt og peber.

d) Lige inden servering lægges 1 skive brød eller pita på hver tallerken. Hæld 1 spsk af tahinisauce over hver skive, og arranger derefter auberginskiverne ovenpå, overlappende. Dryp lidt mere tahin over, men uden at dække auberginskiverne helt. Krydr hver æggeskive med salt og peber og anret den over auberginen. Dryp noget mere tahin på toppen og hæld så meget zhoug over, som du vil; pas på, det er varmt! Hæld også mangosylte over, hvis du har lyst. Server grøntsagssalaten ved siden af, og hæld lidt ovenpå hver servering, hvis det ønskes.

66. Mejadra

Gør: 6

INGREDIENSER
- 1¼ kopper / 250 g grønne eller brune linser
- 4 mellemstore løg (1½ lb / 700 g før skrælning)
- 3 spsk universalmel
- ca. 1 kop / 250 ml solsikkeolie
- 2 tsk spidskommen frø
- 1½ spsk korianderfrø
- 1 kop / 200 g basmatiris
- 2 spsk olivenolie
- ½ tsk stødt gurkemeje
- 1½ tsk stødt allehånde
- 1½ tsk stødt kanel
- 1 tsk sukker
- 1½ kop / 350 ml vand
- salt og friskkværnet sort peber

INSTRUKTIONER

a) Læg linserne i en lille gryde, dæk med rigeligt vand, bring det i kog og kog i 12 til 15 minutter, indtil linserne er bløde, men stadig har lidt bid. Dræn og sæt til side.

b) Pil løgene og skær dem i tynde skiver. Læg på en stor flad tallerken, drys med mel og 1 tsk salt, og bland godt med hænderne. Varm solsikkeolien op i en mellemtykbundet gryde, der er stillet over høj varme. Sørg for, at olien er varm ved at smide et lille stykke løg i; det skal syde kraftigt. Reducer varmen til middelhøj og tilsæt forsigtigt (det kan spytte!) en tredjedel af det snittede løg. Steg i 5 til 7 minutter, under omrøring af og til med en hulske, indtil løget får en flot gyldenbrun farve og bliver sprødt (tilpas temperaturen, så løget ikke steger for hurtigt og brænder på). Brug skeen til at overføre løget til et dørslag beklædt med køkkenrulle og drys med lidt mere salt. Gør det samme med de to andre partier løg; tilsæt lidt ekstra olie, hvis det er nødvendigt.

c) Tør gryden, som du stegte løget i, ren og kom spidskommen og korianderfrø i. Sæt over medium varme og rist frøene i et minut eller to. Tilsæt ris, olivenolie, gurkemeje, allehånde, kanel, sukker, ½ tsk salt og masser af sort peber. Rør for at dække risene med olien og tilsæt derefter de kogte linser og vandet. Bring det i kog, læg låg på og lad det simre ved meget svag varme i 15 minutter.

d) Tag af varmen, løft låget af, og dæk hurtigt gryden med et rent viskestykke. Luk tæt med låg og stil til side i 10 minutter.

e) Til sidst tilsættes halvdelen af det stegte løg til ris og linser, og der røres forsigtigt med en gaffel. Læg blandingen i en flad serveringsskål og top med resten af løget.

67. Hvedebær & Chard med granatæblemelasse

Gør: 4

INGREDIENSER
- 1⅓ lb / 600 g Chard eller regnbue Chard
- 2 spsk olivenolie
- 1 spsk usaltet smør
- 2 store porrer, hvide og lysegrønne dele, skåret i tynde skiver (3 kopper / 350 g i alt)
- 2 spsk lys brun farin
- ca 3 spsk granatæblemelasse
- 1¼ kopper / 200 g afskallede eller uskallede hvedebær
- 2 kopper / 500 ml hønsefond
- salt og friskkværnet sort peber
- Græsk yoghurt, til servering

INSTRUKTIONER
a) Skil manoldens hvide stilke fra de grønne blade med en lille skarp kniv. Skær stilkene i ⅜-tommer / 1 cm skiver og bladene i ¾-tommer / 2 cm skiver.
b) Varm olie og smør op i en stor tykbundet pande. Tilsæt porrerne og kog under omrøring i 3 til 4 minutter. Tilsæt mangoldstilkene og kog i 3 minutter, tilsæt derefter bladene og kog i yderligere 3 minutter. Tilsæt sukker, 3 spsk granatæblemelasse og hvedebærrene og bland godt. Tilsæt bouillon, ¾ tsk salt og lidt sort peber, lad det simre let og kog over svag varme, tildækket, i 60 til 70 minutter. Hveden skal være al dente på dette tidspunkt.
c) Fjern låget, og øg om nødvendigt varmen og lad eventuelt resterende væske fordampe. Bunden af gryden skal være tør og have en smule brændt karamel på. Fjern fra varmen.
d) Inden servering, smag og tilsæt mere melasse, salt og peber, hvis det er nødvendigt; du vil have den skarp og sød, så vær ikke genert med din melasse. Serveres varm med en klat græsk yoghurt.

68. Balilah

Gør: 4

INGREDIENSER
- 1 kop / 200 g tørrede kikærter
- 1 tsk bagepulver
- 1 kop / 60 g hakket fladbladet persille
- 2 grønne løg, skåret i tynde skiver
- 1 stor citron
- 3 spsk olivenolie
- 2½ tsk stødt spidskommen
- salt og friskkværnet sort peber

INSTRUKTIONER
a) Aftenen før lægges kikærterne i en stor skål og dækkes med koldt vand mindst to gange deres volumen. Tilsæt bagepulver og lad stå ved stuetemperatur natten over.
b) Dræn kikærterne og kom dem i en stor gryde. Dæk med rigeligt koldt vand og sæt over høj varme. Bring i kog, skum overfladen af vandet, skru derefter ned for varmen og lad det simre i 1 til 1½ time, indtil kikærterne er meget bløde, men stadig bevarer deres form.
c) Mens kikærterne koger, kom persille og grønne løg i en stor røreskål. Skræl citronen ved at toppe og hale den, læg den på et bræt og kør en lille skarp kniv langs dens kurver for at fjerne skindet og den hvide marv. Kassér skindet, marven og frøene og hak kødet groft. Tilsæt kødet og al saften til skålen.
d) Når kikærterne er klar, drænes og kommes i skålen, mens de stadig er varme. Tilsæt olivenolie, spidskommen, ¾ tsk salt og en god kværn peber. Bland godt. Lad det køle af til det er lige varmt, smag til med krydderier og server.

69. Basmatiris og orzo

Gør: 6

INGREDIENSER
- 1⅓ kopper / 250 g basmatiris
- 1 spsk smeltet ghee eller usaltet smør
- 1 spsk solsikkeolie
- ½ kop / 85 g orzo
- 2½ kopper / 600 ml hønsefond
- 1 tsk salt

INSTRUKTIONER

a) Vask basmatirisene godt, læg dem i en stor skål og dæk med rigeligt koldt vand. Lad det trække i 30 minutter, og dræn derefter.

b) Varm ghee og olie op ved middel-høj varme i en mellemtykbundet gryde, som du har låg til. Tilsæt orzo og sauter i 3 til 4 minutter, indtil kornene bliver mørkegyldne. Tilsæt bouillon, bring det i kog og kog i 3 minutter. Tilsæt de afdryppede ris og salt, bring det let i kog, rør en eller to gange, læg låg på gryden og lad det simre ved meget svag varme i 15 minutter. Lad dig ikke friste til at afdække panden; du bliver nødt til at lade risene dampe ordentligt.

c) Sluk for varmen, tag låget af, og dæk hurtigt gryden med et rent viskestykke. Læg låget tilbage på toppen af håndklædet og lad det stå i 10 minutter. Luft risene med en gaffel inden servering.

70. Basmati & vilde ris med kikærter, ribs og urter

Gør: 6

INGREDIENSER
- ⅓ kop / 50 g vilde ris
- 2½ spsk olivenolie
- afrundet 1 kop / 220 g basmatiris
- 1½ kop / 330 ml kogende vand
- 2 tsk spidskommen frø
- 1½ tsk karrypulver
- 1½ kopper / 240 g kogte og drænede kikærter (dåse er fint)
- ¾ kop / 180 ml solsikkeolie
- 1 mellemstor løg, skåret i tynde skiver
- 1½ tsk universalmel
- ⅔ kop / 100 g ribs
- 2 spsk hakket fladbladet persille
- 1 spsk hakket koriander
- 1 spsk hakket dild
- salt og friskkværnet sort peber

INSTRUKTIONER
a) Start med at komme de vilde ris i en lille gryde, dæk med rigeligt vand, bring det i kog, og lad det simre i cirka 40 minutter, indtil risene er kogte, men stadig ret faste. Dræn og sæt til side.
b) For at koge basmatirisene hældes 1 spsk olivenolie i en mellemstor gryde med tætsluttende låg og sættes over høj varme. Tilsæt risene og ¼ tsk salt og rør rundt, mens du varmer risene op. Tilsæt forsigtigt det kogende vand, sænk varmen til meget lav, dæk gryden med låg, og lad koge i 15 minutter.
c) Tag gryden af varmen, dæk med et rent viskestykke og derefter låg, og lad det stå af varmen i 10 minutter.
d) Mens risene koger, tilberedes kikærterne. Varm de resterende 1½ spsk olivenolie op i en lille gryde ved høj varme. Tilsæt spidskommen og karrypulver, vent et par sekunder, og tilsæt derefter kikærter og ¼ tsk salt; sørg for at gøre dette

hurtigt, ellers kan krydderierne brænde på i olien. Rør over varmen i et minut eller to, bare for at varme kikærterne, og overfør derefter til en stor røreskål.

e) Tør gryden af, hæld solsikkeolien i, og sæt den over høj varme. Sørg for, at olien er varm ved at smide et lille stykke løg i; det skal syde kraftigt. Brug dine hænder til at blande løget med melet for at dække det lidt. Tag lidt af løget og læg det forsigtigt (det kan spytte!) i olien. Steg i 2 til 3 minutter, indtil de er gyldenbrune, overfør derefter til køkkenrulle til afdrypning og drys med salt. Gentag i omgange, indtil alt løget er stegt.

f) Til sidst tilsættes begge typer ris til kikærterne og derefter tilsættes ribs, krydderurter og stegte løg. Rør, smag til og tilsæt salt og peber som du har lyst. Serveres lun eller ved stuetemperatur.

71. Bygrisotto med marineret feta

Gør: 4

INGREDIENSER
- 1 kop / 200 g perlebyg
- 2 spsk / 30 g usaltet smør
- 6 spsk / 90 ml olivenolie
- 2 små selleristængler, skåret i 0,5 cm terninger
- 2 små skalotteløg skåret i 0,5 cm terninger
- 4 fed hvidløg, skåret i 1/16-tommer / 2 mm terninger
- 4 timiankviste
- ½ tsk røget paprika
- 1 laurbærblad
- 4 strimler citronskal
- ¼ tsk chiliflager
- en 14-oz / 400 g dåse hakkede tomater
- 3 kopper / 700 ml grøntsagsfond
- 1¼ kopper / 300 ml passata (sigtede knuste tomater)
- 1 spsk kommenfrø
- 10½ oz / 300 g fetaost, skåret i stykker på ca. ¾-tommer / 2 cm
- 1 spsk friske oreganoblade
- salt

INSTRUKTIONER
a) Skyl perlebyggen godt under koldt vand og lad det dryppe af.
b) Smelt smørret og 2 spsk olivenolie i en meget stor stegepande og steg selleri, skalotteløg og hvidløg ved svag varme i 5 minutter, indtil de er bløde. Tilsæt byg, timian, paprika, laurbærblad, citronskal, chiliflager, tomater, bouillon, passata og salt. Rør for at kombinere. Bring blandingen i kog, reducer derefter til en meget forsigtig simre og kog i 45 minutter, mens du rører jævnligt for at sikre, at risottoen ikke fanger i bunden af gryden. Når den er klar, skal byggen være mør og det meste af væsken absorberes.

c) Rist imens karvefrøene på en tør pande i et par minutter. Knus dem derefter let, så der bliver nogle hele frø tilbage. Tilsæt dem til fetaen med de resterende 4 spsk / 60 ml olivenolie og bland forsigtigt for at kombinere.

d) Når risottoen er klar, tjekker du krydderier og fordeler den derefter i fire lave skåle. Top hver med den marinerede feta, inklusive olien, og et drys oreganoblade.

72. Conchiglie med yoghurt, ærter og chile

Gør: 6

INGREDIENSER
- 2½ kopper / 500 g græsk yoghurt
- ⅔ kop / 150 ml olivenolie
- 4 fed hvidløg, knust
- 1 lb / 500 g friske eller optøede frosne ærter
- 1 lb / 500 g conchiglie pasta
- ½ kop / 60 g pinjekerner
- 2 tsk tyrkiske eller syriske chiliflager (eller mindre, afhængigt af hvor krydret de er)
- 1⅔ kopper / 40 g basilikumblade, groft revet
- 8 oz / 240 g fetaost, skåret i stykker
- salt og friskkværnet hvid peber

INSTRUKTIONER
a) Kom yoghurten, 6 spsk / 90 ml af olivenolien, hvidløget og ⅔ kop / 100 g af ærterne i en foodprocessor. Blend til en ensartet lysegrøn sauce og overfør til en stor røreskål.

b) Kog pastaen i rigeligt saltet kogende vand, indtil den er al dente. Mens pastaen koger, opvarmes den resterende olivenolie i en lille stegepande over medium varme. Tilsæt pinjekerner og chiliflager og steg i 4 minutter, indtil nødderne er gyldne og olien er dyb rød. Opvarm også de resterende ærter i lidt kogende vand, og dræn derefter.

c) Dræn den kogte pasta i et dørslag, ryst godt for at slippe af med vandet, og tilsæt pastaen gradvist til yoghurtsaucen; tilsætning af det hele på én gang kan få yoghurten til at dele sig. Tilsæt de varme ærter, basilikum, fetaost, 1 tsk salt og ½ tsk hvid peber. Vend forsigtigt, overfør til individuelle skåle, og hæld pinjekernerne og deres olie over.

73. Maqluba

Gør: 4 TIL 6

INGREDIENSER
- 2 mellemstore auberginer (1½ lb / 650 g i alt), skåret i ¼-tommer / 0,5 cm skiver
- 1⅔ kopper / 320 g basmatiris
- 6 til 8 udbenede kyllingelår, med skindet på, ca. 1¾ lb / 800 g i alt
- 1 stort løg i kvarte på langs
- 10 sorte peberkorn
- 2 laurbærblade
- 4 kopper / 900 ml vand
- solsikkeolie, til stegning
- 1 medium blomkål (1 lb / 500 g), opdelt i store buketter
- smeltet smør, til smøring af panden
- 3 til 4 mellemmodne tomater (12 oz / 350 g i alt), skåret i 0,5 cm tykke skiver
- 4 store fed hvidløg, halveret
- 1 tsk stødt gurkemeje
- 1 tsk stødt kanel
- 1 tsk stødt allehånde
- ¼ tsk friskkværnet sort peber
- 1 tsk baharat krydderiblanding (købt eller se opskrift)
- 3½ spsk / 30 g pinjekerner, stegt i 1 spsk / 15 g ghee eller usaltet smør til de er gyldne
- Yoghurt med agurk, til servering
- salt

INSTRUKTIONER
a) Læg auberginskiverne på køkkenrulle, drys salt på begge sider og lad dem stå i 20 minutter for at miste noget af vandet.
b) Vask risene og læg dem i blød i rigeligt koldt vand og 1 tsk salt i mindst 30 minutter.

c) Opvarm i mellemtiden en stor gryde over medium-høj varme og svits kyllingen i 3 til 4 minutter på hver side, indtil den er gyldenbrun (kyllingeskindet skal producere nok olie til at koge det; tilsæt om nødvendigt lidt solsikkeolie). Tilsæt løg, peberkorn, laurbærblade og vand. Bring det i kog, dæk derefter til og kog ved svag varme i 20 minutter. Tag kyllingen af panden og stil den til side. Si fonden og gem til senere, mens du skummer fedtet.

d) Mens kyllingen koger, opvarm en gryde eller hollandsk ovn, helst nonstick og ca. 24 cm i diameter og 12 cm dyb, over medium-høj varme. Tilsæt nok solsikkeolie til at komme ca. ¾ tomme / 2 cm op ad grydens sider. Når du begynder at se små bobler dukke op, skal du forsigtigt (det kan spytte!) placere nogle af blomkålsbuketter i olien og stege, indtil de er gyldenbrune, op til 3 minutter. Brug en hulske til at overføre det første parti til køkkenrulle og drys med salt. Gentag med det resterende blomkål.

e) Dup aubergineskiverne tørre med køkkenrulle og steg dem på samme måde i omgange.

f) Fjern olien fra gryden og tør gryden af. Hvis det ikke er en nonstick-pande, beklæd bunden med en cirkel af bagepapir skåret i den nøjagtige størrelse og pensl siderne med lidt smeltet smør. Nu er du klar til at lægge maqluhaen i lag.

g) Start med at lægge tomatskiverne i ét lag, overlappende, efterfulgt af aubergineskiverne. Arranger dernæst blomkålsstykkerne og kyllingelårene. Dræn risene godt og fordel dem over det sidste lag og fordel hvidløgsstykkerne ovenpå. Mål 3 kopper / 700 ml af den reserverede hønsefond og bland alle krydderierne i plus 1 tsk salt. Hæld dette over risene og tryk det derefter forsigtigt ned med hænderne, og sørg for at alle risene er dækket med bouillon. Tilsæt lidt ekstra bouillon eller vand, hvis det er nødvendigt.

h) Sæt gryden over middel varme og bring det i kog; bouillonen behøver ikke at simre kraftigt, men du skal sørge for, at den koger ordentligt, før du dækker gryden med et låg, sænker varmen til lav og koger ved svag varme i 30 minutter. Lad dig ikke friste til at afdække panden; du bliver nødt til at lade risene dampe ordentligt. Tag gryden af varmen, tag låget af, og læg hurtigt et rent viskestykke over gryden, og forsegl derefter med låget igen. Lad hvile i 10 minutter.

i) Når du er klar, fjerner du låget, vend en stor rund serveringsfad eller et fad over den åbne pande, og vend forsigtigt, men hurtigt panden og tallerkenen sammen, mens du holder godt fast på begge sider. Lad gryden stå på pladen i 2 til 3 minutter, og løft den derefter langsomt og forsigtigt af. Pynt med pinjekernerne og server med yoghurt med agurk.

74. Couscous med tomat og løg

Gør: 4

INGREDIENSER
- 3 spsk olivenolie
- 1 mellemstor løg, finthakket (1 kop / 160 g i alt)
- 1 spsk tomatpure
- ½ tsk sukker
- 2 meget modne tomater, skåret i ¼-tommer / 0,5 cm terninger (1¾ kopper / 320 g i alt)
- 1 kop / 150 g couscous
- 1 kop / 220 ml kogende kyllinge- eller grøntsagsfond
- 2½ spsk / 40 g usaltet smør
- salt og friskkværnet sort peber

INSTRUKTIONER

a) Hæld 2 spiseskefulde af olivenolien i en nonstick-gryde ca. 8½ inches / 22 cm i diameter og sæt den over medium varme. Tilsæt løget og steg i 5 minutter under jævnlig omrøring, indtil det er blødt, men ikke farvet. Rør tomatpure og sukker i og kog i 1 minut. Tilsæt tomaterne, ½ tsk salt og lidt sort peber og kog i 3 minutter.

b) Kom imens couscousen i en lav skål, hæld den kogende bouillon over og dæk med plastfolie. Stil til side i 10 minutter, fjern derefter låget og luft couscousen med en gaffel. Tilsæt tomatsaucen og rør godt rundt.

c) Tør panden ren og varm smørret og den resterende 1 spsk olivenolie op ved middel varme. Når smørret er smeltet, hælder du couscousen i gryden og bruger bagsiden af skeen til at duppe det forsigtigt ned, så det hele er pakket tæt ind. Dæk gryden til, reducer varmen til den laveste indstilling, og lad couscousen dampe i 10 til 12 minutter, indtil du kan se en lysebrun farve rundt om kanterne. Brug en offset spatel eller en kniv til at hjælpe dig med at kigge mellem kanten af couscousen og siden af panden: du vil have en virkelig sprød kant over hele bunden og siderne.

d) Vend en stor tallerken oven på panden og vend hurtigt panden og tallerkenen sammen, så couscousen slippes på pladen. Serveres lun eller ved stuetemperatur.

SALATER

75. Baby spinatsalat med dadler og mandler

Gør: 4

INGREDIENSER
- 1 spsk hvidvinseddike
- ½ mellemstor rødløg, skåret i tynde skiver
- 3½ oz / 100 g udstenede Medjool dadler, delt i kvarte på langs
- 2 spsk / 30 g usaltet smør
- 2 spsk olivenolie
- 2 små pitaer, ca. 3½ oz / 100 g, groft revet i 1½-tommer / 4 cm stykker
- ½ kop / 75 g hele usaltede mandler, groft hakkede
- 2 tsk sumac
- ½ tsk chiliflager
- 5 oz / 150 g babyspinatblade
- 2 spsk friskpresset citronsaft
- salt

INSTRUKTIONER
a) Kom eddike, løg og dadler i en lille skål. Tilsæt et nip salt og bland godt med hænderne. Lad det marinere i 20 minutter, dræn derefter eventuelle resterende eddike og kassér.
b) Opvarm imens smørret og halvdelen af olivenolien i en medium stegepande ved middel varme. Tilsæt pita og mandler og kog i 4 til 6 minutter, under omrøring hele tiden, indtil pitaen er sprød og gyldenbrun. Fjern fra varmen og bland sumac, chiliflager og ¼ tsk salt i. Stil til side til afkøling.
c) Når du er klar til servering, smid spinatbladene sammen med pitablandingen i en stor røreskål. Tilsæt dadler og rødløg, den resterende olivenolie, citronsaft og endnu en knivspids salt. Smag til med krydderier og server med det samme.

76. Rå artiskok & urtesalat

Gør: 2

INGREDIENSER
- 2 eller 3 store jordskokker (1½ lb / 700 g i alt)
- 3 spsk friskpresset citronsaft
- 4 spsk olivenolie
- 2 kopper / 40 g rucola
- ½ kop / 15 g revet mynteblade
- ½ kop / 15 g revet korianderblade
- 1 oz / 30 g pecorino toscano eller romano ost, tyndt barberet
- Maldon havsalt og friskkværnet sort peber

INSTRUKTIONER
a) Forbered en skål med vand blandet med halvdelen af citronsaften. Fjern stilken fra 1 artiskok og træk de seje yderste blade af. Når du når de blødere, blege blade, skal du bruge en stor, skarp kniv til at skære hen over blomsten, så du står tilbage med den nederste fjerdedel. Brug en lille, skarp kniv eller en grøntsagsskræller til at fjerne de yderste lag af artiskokken, indtil bunden eller bunden er blottet. Skrab den behårede "choke" ud og læg bunden i det syrnede vand. Kassér resten, og gentag derefter med de andre artiskokker.
b) Dræn artiskokkerne og dup dem tørre med køkkenrulle. Brug en mandolin eller en stor, skarp kniv til at skære artiskokkerne i papirtynde skiver og overføre dem til en stor røreskål. Pres den resterende citronsaft over, tilsæt olivenolien og vend godt rundt. Du kan lade artiskokken stå i op til et par timer, hvis du har lyst, ved stuetemperatur. Når du er klar til servering, tilsæt rucola, mynte og koriander til artiskokken og smag til med en generøs ¼ tsk salt og masser af friskkværnet sort peber.
c) Vend forsigtigt og anret på serveringsfade. Pynt med pecorinospåner.

77. Persille & Byg salat

Gør: 4

INGREDIENSER
- ¼ kop / 40 g perlebyg
- 5 oz / 150 g fetaost
- 5½ spsk olivenolie
- 1 tsk za'atar
- ½ tsk korianderfrø, let ristet og knust
- ¼ tsk stødt spidskommen
- 3 oz / 80 g fladbladet persille, blade og fine stængler
- 4 grønne løg, finthakket (⅓ kop / 40 g i alt)
- 2 fed hvidløg, knust
- ⅓ kop / 40 g cashewnødder, let ristede og groft knust
- 1 grøn peberfrugt, frøet og skåret i ⅜-tommer / 1 cm terninger
- ½ tsk stødt allehånde
- 2 spsk friskpresset citronsaft
- salt og friskkværnet sort peber

INSTRUKTIONER

a) Læg perlebyggen i en lille gryde, dæk med rigeligt vand og kog i 30 til 35 minutter, indtil den er mør, men med en bid. Hæld i en fin sigte, ryst for at fjerne alt vandet, og overfør til en stor skål.

b) Bræk fetaen i grove stykker, cirka 2 cm store, og bland i en lille skål med 1½ spsk olivenolie, za'atar, korianderfrø og spidskommen. Bland forsigtigt sammen og lad det marinere, mens du forbereder resten af salaten.

c) Hak persillen fint og kom i en skål sammen med grønne løg, hvidløg, cashewnødder, peber, allehånde, citronsaft, den resterende olivenolie og den kogte byg. Bland godt sammen og smag til. For at servere, fordel salaten mellem fire tallerkener og top med den marinerede feta.

78. Blandet bønnesalat

Gør: 4

INGREDIENSER
- 10 oz / 280 g gule bønner, trimmede (hvis den ikke er tilgængelig, fordoble mængden af grønne bønner)
- 10 oz / 280 g grønne bønner, trimmet
- 2 røde peberfrugter, skåret i ¼-tommer / 0,5 cm strimler
- 3 spsk olivenolie, plus 1 tsk til peberfrugterne
- 3 fed hvidløg, skåret i tynde skiver
- 6 spsk / 50 g kapers, skyllet og duppet tør
- 1 tsk spidskommen frø
- 2 tsk korianderfrø
- 4 grønne løg, skåret i tynde skiver
- ⅓ kop / 10 g estragon, groft hakket
- ⅔ kop / 20 g plukkede kørvelblade (eller en blanding af plukket dild og strimlet persille)
- revet skal af 1 citron
- salt og friskkværnet sort peber

INSTRUKTIONER

a)   Forvarm ovnen til 450°F / 220°C.

b)   Bring en stor pande med rigeligt vand i kog og tilsæt de gule bønner. Efter 1 minut tilsættes de grønne bønner og koges i yderligere 4 minutter, eller indtil bønnerne er gennemstegte, men stadig sprøde. Opfrisk under iskoldt vand, dræn, dup tør og kom i en stor røreskål.

c)   Imens smider du peberfrugterne i 1 tsk af olien, fordeles på en bageplade og sættes i ovnen i 5 minutter, eller indtil de er møre. Tag ud af ovnen og tilsæt til skålen med de kogte bønner.

d)   Varm de 3 spsk olivenolie op i en lille gryde. Tilsæt hvidløg og kog i 20 sekunder; tilsæt kapers (pas på, de spytter!) og steg i yderligere 15 sekunder. Tilsæt spidskommen og korianderfrø og steg videre i yderligere 15 sekunder. Hvidløgene skulle nu være blevet gyldne. Tag fra varmen og hæld grydens indhold over bønnerne med det samme. Vend og tilsæt grønne løg, krydderurter, citronskal, en generøs ¼ tsk salt og sort peber.

e)   Server, eller opbevar på køl i op til et døgn. Bare husk at bringe tilbage til stuetemperatur inden servering.

80. Krydret gulerodssalat

Gør: 4

INGREDIENSER
- 6 store gulerødder, skrællede (ca. 1½ lb / 700 g i alt)
- 3 spsk solsikkeolie
- 1 stort løg, finthakket (2 kopper / 300 g i alt)
- 1 spsk Pilpelchuma eller 2 spsk harissa (købt i butikken eller se opskrift)
- ½ tsk stødt spidskommen
- ½ tsk kommenfrø, friskkværnede
- ½ tsk sukker
- 3 spsk cidereddike
- 1½ kopper / 30 g rucola blade
- salt

INSTRUKTIONER
a) Læg gulerødderne i en stor gryde, dæk med vand og bring det i kog. Skru ned for varmen, læg låg på og kog i cirka 20 minutter, indtil gulerødderne er lige møre. Dræn og, når den er kølig nok til at håndtere, skær den i 0,5 cm skiver.
b) Mens gulerødderne koger opvarmes halvdelen af olien i en stor stegepande. Tilsæt løget og steg ved medium varme i 10 minutter, indtil det er gyldenbrunt.
c) Hæld det stegte løg i en stor røreskål og tilsæt pilpelchuma, spidskommen, kommen, ¾ tsk salt, sukker, eddike og den resterende olie. Tilsæt gulerødderne og vend godt rundt. Lad det stå til side i mindst 30 minutter, for at smagene kan modnes.
d) Anret salaten på et stort fad, prøv ruccolaen efterhånden.

81. Frikasse salat

Gør: 4

INGREDIENSER
- 4 rosmarinkviste
- 4 laurbærblade
- 3 spsk sorte peberkorn
- ca. 1⅔ kopper / 400 ml ekstra jomfru olivenolie
- 10½ oz / 300 g tunbøf, i et eller to stykker
- 1⅓ lb / 600 g Yukon Gold kartofler, skrællet og skåret i ¾-tommer / 2 cm stykker
- ½ tsk stødt gurkemeje
- 5 ansjosfileter, groft hakket
- 3 spsk harissa pasta (købt eller se opskrift)
- 4 spsk kapers
- 2 tsk finthakket konserveret citronskal, (købt eller se opskrift)
- ½ kop / 60 g sorte oliven, udstenede og halveret
- 2 spsk friskpresset citronsaft
- 5 oz / 140 g konserverede piquillo peberfrugter (ca. 5 peberfrugter), revet i grove strimler
- 4 store æg, hårdkogt, pillet og delt i kvarte
- 2 baby perle salat (ca. 5 oz / 140 g i alt), blade adskilt og revet
- ⅔ oz / 20 g fladbladet persille, blade plukket og revet
- salt

INSTRUKTIONER

a) For at forberede tunen, læg rosmarin, laurbærblade og peberkorn i en lille gryde og tilsæt olivenolien. Varm olien op til lige under kogepunktet, når små bobler begynder at dukke op. Tilsæt forsigtigt tunen (tunen skal være helt dækket; hvis ikke, opvarm mere olie og kom på panden). Fjern fra varmen og lad stå i et par timer uden låg, dæk derefter gryden og stil den på køl i mindst 24 timer.

b) Kog kartoflerne med gurkemeje i rigeligt saltet kogende vand i 10 til 12 minutter, indtil de er kogte. Dræn forsigtigt, og sørg for, at ingen af gurkemejevandet spilder (pletterne er en smerte at fjerne!), og anbring i en stor røreskål. Mens kartoflerne stadig er varme, tilsættes ansjoser, harissa, kapers, konserveret citron, oliven, 6 spsk / 90 ml af tunkonserveringsolien og nogle af peberkornene fra olien. Bland forsigtigt og lad det køle af.

c) Løft tunen fra den resterende olie, del den i mundrette bidder og tilsæt salaten. Tilsæt citronsaft, peberfrugt, æg, salat og persille. Vend forsigtigt, smag til, tilsæt salt, hvis det har brug for det og eventuelt mere olie, og server derefter.

82. Krydrede kikærter & grøntsagssalat

Gør: 4

INGREDIENSER
- ½ kop / 100 g tørrede kikærter
- 1 tsk bagepulver
- 2 små agurker (10 oz / 280 g i alt)
- 2 store tomater (10½ oz / 300 g i alt)
- 8½ oz / 240 g radiser
- 1 rød peberfrugt, frøet og ribben fjernet
- 1 lille rødløg, pillet
- ⅔ oz / 20 g koriander blade og stængler, groft hakket
- ½ oz / 15 g fladbladet persille, groft hakket
- 6 spsk / 90 ml olivenolie
- revet skal af 1 citron, plus 2 spsk juice
- 1½ spsk sherryeddike
- 1 fed hvidløg, knust
- 1 tsk superfint sukker
- 1 tsk stødt kardemomme
- 1½ tsk stødt allehånde
- 1 tsk stødt spidskommen
- Græsk yoghurt (valgfrit)
- salt og friskkværnet sort peber

INSTRUKTIONER

a) Læg de tørrede kikærter i blød natten over i en stor skål med rigeligt koldt vand og bagepulver. Næste dag drænes, lægges i en stor gryde og dækkes med vand, der er dobbelt så stor som kikærterne. Bring det i kog og lad det simre, mens skummet skummes af, i cirka en time, indtil det er helt mørt, og dræn derefter.

b) Skær agurk, tomat, radise og peber i terninger på 1,5 cm. skær løget i 0,5 cm terninger. Bland det hele sammen i en skål med koriander og persille.

c) Bland 5 spsk / 75 ml af olivenolien, citronsaft og -skal, eddike, hvidløg og sukker i en krukke eller lukkelig beholder og bland det godt sammen til en dressing, og smag til med salt og peber. Hæld dressingen over salaten og vend let.

d) Bland kardemomme, allehånde, spidskommen og ¼ tsk salt sammen og fordel på en tallerken. Smid de kogte kikærter i krydderiblandingen i et par omgange, så de bliver godt dækket. Varm den resterende olivenolie op i en stegepande ved middel varme og steg kikærterne let i 2 til 3 minutter, ryst forsigtigt på panden, så de koger jævnt og ikke klistrer. Holde varm.

e) Fordel salaten på fire tallerkener, anbring den i en stor cirkel, og kom de varme krydrede kikærter ovenpå, og hold kanten af salaten fri. Du kan dryppe lidt græsk yoghurt ovenpå for at gøre salaten cremet.

83. Chunky zucchini & tomatsalat

Gør: 6

INGREDIENSER
- 8 lysegrønne zucchini eller almindelige zucchini (ca. 2¼ lb / 1 kg i alt)
- 5 store, meget modne tomater (1¾ lb / 800 g i alt)
- 3 spsk olivenolie, plus ekstra til slut
- 2½ kopper / 300 g græsk yoghurt
- 2 fed hvidløg, knust
- 2 røde chili, frøet og hakket
- revet skal af 1 mellemstor citron og 2 spsk friskpresset citronsaft
- 1 spsk daddelsirup, plus ekstra til slut
- 2 kopper / 200 g valnødder, groft hakket
- 2 spsk hakket mynte
- ⅔ oz / 20 g fladbladet persille, hakket
- salt og friskkværnet sort peber

INSTRUKTIONER

a) Forvarm ovnen til 425°F / 220°C. Stil en rillet stegepande over høj varme.

b) Trim zucchini og halvér dem på langs. Halver også tomaterne. Pensl zucchini og tomater med olivenolie på snitsiden og krydr med salt og peber.

c) Nu skulle stegepanden være rygende varm. Start med zucchinien. Læg et par af dem på panden med skæresiden nedad og kog i 5 minutter; zucchinien skal være pænt forkullet på den ene side. Fjern nu zucchinien og gentag samme proces med tomaterne. Læg grøntsagerne i en bradepande og sæt dem i ovnen i ca. 20 minutter, indtil zucchinien er meget møre.

d) Tag gryden ud af ovnen og lad grøntsagerne køle lidt af. Hak dem groft og lad dem dryppe af i et dørslag i 15 minutter.

e) Pisk yoghurt, hvidløg, chili, citronskal og saft og melasse sammen i en stor røreskål. Tilsæt de hakkede grøntsager, valnødder, mynte og det meste af persillen og rør godt. Smag til med ¾ tsk salt og lidt peber.

f) Flyt salaten over på et stort, lavt serveringsfad og fordel den ud. Pynt med den resterende persille. Dryp til sidst lidt daddelsirup og olivenolie over.

84. Krydret rødbede-, porre- og valnøddesalat

INGREDIENSER
- 4 mellemstore rødbeder (⅓ lb / 600 g i alt efter kogning og skrælning)
- 4 mellemstore porrer, skåret i 4-tommer / 10 cm segmenter (4 kopper / 360 g i alt)
- ½ oz / 15 g koriander, groft hakket
- 1¼ kopper / 25 g rucola
- ⅓ kop / 50 g granatæblekerner (valgfrit)
- FORBINDING
- 1 kop / 100 g valnødder, groft hakket
- 4 fed hvidløg, finthakket
- ½ tsk chiliflager
- ¼ kop / 60 ml cidereddike
- 2 spsk tamarindvand
- ½ tsk valnøddeolie
- 2½ spsk jordnøddeolie
- 1 tsk salt

INSTRUKTIONER
a) Forvarm ovnen til 425°F / 220°C.
b) Pak rødbederne enkeltvis ind i aluminiumsfolie og steg dem i ovnen i 1 til 1½ time afhængig af størrelsen. Når den er kogt, bør du nemt kunne stikke en lille kniv igennem til midten. Tag ud af ovnen og stil til afkøling.
c) Når rødbederne er afkølet nok til at kunne håndteres, skal du skrælle rødbederne, halvere dem og skære hver halvdel i 1 cm tykke skiver i bunden. Kom i en mellemstor skål og sæt til side.
d) Læg porrerne i en mellemstor gryde med saltet vand, bring det i kog, og lad det simre i 10 minutter, indtil det er lige kogt; det er vigtigt at simre dem forsigtigt og ikke overkoge dem, så de ikke falder fra hinanden. Dræn og opfrisk under koldt vand, og brug derefter en meget skarp savtakket kniv til at skære hvert segment i 3 mindre stykker og dup det tørre. Overfør til en skål, adskil fra rødbederne, og stil til side.

e) Mens grøntsagerne koger, blandes alle ingredienserne til dressingen sammen, og lad dem stå til den ene side i mindst 10 minutter, så alle smagene er samlet.

f) Fordel valnøddedressingen og korianderen ligeligt mellem rødbederne og porrerne og vend forsigtigt. Smag begge dele til og tilsæt mere salt, hvis det er nødvendigt.

g) For at sætte salaten sammen, fordel de fleste rødbeder på et serveringsfad, top med lidt rucola, så det meste af porrerne, så de resterende rødbeder, og afslut med mere porre og rucola. Drys granatæblekernerne over, hvis de bruges, og server.

85. Ristet blomkål & hasselnøddesalat

Gør: 2 TIL 4

INGREDIENSER
- 1 hoved blomkål, skåret i små buketter (1½ lb / 660 g i alt)
- 5 spsk olivenolie
- 1 stor selleri stilk, skåret på en vinkel i ¼-tommer / 0,5 cm skiver (⅔ kop / 70 g i alt)
- 5 spsk / 30 g hasselnødder, med skind
- ⅓ kop / 10 g små fladbladede persilleblade, plukket
- ⅓ kop / 50 g granatæblekerner (fra ca. ½ medium granatæble)
- generøs ¼ tsk stødt kanel
- generøs ¼ tsk malet allehånde
- 1 spsk sherryeddike
- 1½ tsk ahornsirup
- salt og friskkværnet sort peber

INSTRUKTIONER

a) Forvarm ovnen til 425°F / 220°C.

b) Bland blomkålen med 3 spsk olivenolie, ½ tsk salt og lidt sort peber. Bred ud i en bradepande og steg på øverste ovnrille i 25 til 35 minutter, indtil blomkålen er sprød og dele af den er blevet gyldenbrun. Overfør til en stor røreskål og stil til side til afkøling.

c) Sænk ovntemperaturen til 325°F / 170°C. Fordel hasselnødderne på en bageplade beklædt med bagepapir og rist i 17 minutter.

d) Lad nødderne køle lidt af, hak dem derefter groft og tilsæt blomkålen sammen med den resterende olie og resten af ingredienserne. Rør, smag til og smag til med salt og peber. Server ved stuetemperatur.

SUPPER

86. Brøndkarse & kikærtesuppe med rosenvand

Gør: 4

INGREDIENSER
- 2 mellemstore gulerødder (9 oz / 250 g i alt), skåret i ¾-tommer / 2 cm terninger
- 3 spsk olivenolie
- 2½ tsk ras el hanout
- ½ tsk stødt kanel
- 1½ kopper / 240 g kogte kikærter, friske eller dåse
- 1 mellemstor løg, skåret i tynde skiver
- 2½ spsk / 15 g skrællet og finthakket frisk ingefær
- 2½ kopper / 600 ml grøntsagsfond
- 7 oz / 200 g brøndkarse
- 3½ oz / 100 g spinatblade
- 2 tsk superfint sukker
- 1 tsk rosenvand
- salt
- Græsk yoghurt, til servering (valgfrit)
- Forvarm ovnen til 425°F / 220°C.

INSTRUKTIONER

a) Bland gulerødderne med 1 spsk olivenolie, ras el hanout, kanel og et godt nip salt og fordel dem fladt i en bradepande beklædt med bagepapir. Sæt i ovnen i 15 minutter, tilsæt derefter halvdelen af kikærterne, rør godt rundt og kog i yderligere 10 minutter, indtil guleroden er blød, men stadig har bid.

b) Læg imens løg og ingefær i en stor gryde. Sauter med den resterende olivenolie i cirka 10 minutter ved middel varme, indtil løget er helt blødt og gyldent. Tilsæt de resterende kikærter, bouillon, brøndkarse, spinat, sukker og ¾ tsk salt, rør godt rundt og bring det i kog. Kog i et minut eller to, lige indtil bladene visner.

c) Brug en foodprocessor eller blender til at blende suppen, indtil den er glat. Tilsæt rosenvandet, rør rundt, smag til og tilsæt mere salt eller rosenvand, hvis du har lyst. Stil til side, indtil gulerod og kikærter er klar, og opvarm derefter til servering.

d) For at servere, fordel suppen i fire skåle og top med den varme gulerod og kikærter og, hvis du kan lide, cirka 2 tsk yoghurt pr. portion.

87. Varm yoghurt & bygsuppe

Gør: 4

INGREDIENSER
- 6¾ kopper / 1,6 liter vand
- 1 kop / 200 g perlebyg
- 2 mellemstore løg, finthakket
- 1½ tsk tørret mynte
- 4 spsk / 60 g usaltet smør
- 2 store æg, pisket
- 2 kopper / 400 g græsk yoghurt
- ⅔ oz / 20 g frisk mynte, hakket
- ⅓ oz / 10 g fladbladet persille, hakket
- 3 grønne løg, skåret i tynde skiver
- salt og friskkværnet sort peber

INSTRUKTIONER
a) Bring vandet i kog med byggen i en stor gryde, tilsæt 1 tsk salt, og lad det simre, indtil byggen er kogt, men stadig al dente, 15 til 20 minutter. Fjern fra varmen. Når den er tilberedt, skal du bruge 4¾ kopper / 1,1 liter af kogevæsken til suppen; fyld op med vand, hvis du står tilbage med mindre på grund af fordampning.
b) Mens byggen koger, sauter du løg og tørret mynte ved middel varme i smørret, indtil det er blødt, cirka 15 minutter. Tilføj dette til den kogte byg.
c) Pisk æg og yoghurt sammen i en stor varmefast røreskål. Bland langsomt lidt af bygen og vandet i, en slev ad gangen, indtil yoghurten er blevet varm. Dette vil temperere yoghurten og æggene og forhindre dem i at spalte, når de tilsættes den varme væske. Tilsæt yoghurten i suppegryden og vend tilbage til medium varme under konstant omrøring, indtil suppen koger meget let. Tag af varmen, tilsæt de hakkede krydderurter og grønne løg og tjek krydderiet. Serveres varm.

88. Cannellini bønne- og lammesuppe

Gør: 4

INGREDIENSER
- 1 spsk solsikkeolie
- 1 lille løg (5 oz / 150 g i alt), finthakket
- ¼ lille sellerirod, skrællet og skåret i ¼-tommer / 0,5 cm terninger (6 oz / 170 g i alt)
- 20 store fed hvidløg, pillede men hele
- 1 tsk stødt spidskommen
- 1 lb / 500 g lammegryderet kød (eller oksekød, hvis du foretrækker det), skåret i ¾-tommer / 2 cm terninger
- 7 kopper / 1,75 liter vand
- ½ kop / 100 g tørrede cannellini eller pinto bønner, udblødt natten over i rigeligt koldt vand og derefter drænet
- 7 kardemommebælge, let knuste
- ½ tsk stødt gurkemeje
- 2 spsk tomatpure
- 1 tsk superfint sukker
- 9 oz / 250 g Yukon Gold eller anden gul-kød kartoffel, skrællet og skåret i ¾-tommer / 2 cm terninger
- salt og friskkværnet sort peber
- brød, at servere
- friskpresset citronsaft, til servering
- hakket koriander eller Zhoug

INSTRUKTIONER

a) Varm olien op i en stor stegepande og steg løg og sellerirod ved middelhøj varme i 5 minutter, eller indtil løget begynder at brune. Tilsæt hvidløgsfed og spidskommen og steg i yderligere 2 minutter. Tag af varmen og stil til side.

b) Sæt kødet og vandet i en stor gryde eller hollandsk ovn over medium-høj varme, bring det i kog, sænk varmen og lad det simre i 10 minutter, mens du ofte skummer overfladen, indtil du får en klar bouillon. Tilsæt løg- og sellerirodblandingen, de drænede bønner, kardemomme, gurkemeje, tomatpasta og sukker. Bring det i kog, læg låg på og lad det simre forsigtigt i 1 time, eller indtil kødet er mørt.

c) Tilsæt kartoflerne til suppen og smag til med 1 tsk salt og ½ tsk sort peber. Bring tilbage til et kog, sænk varmen og lad det simre uden låg i yderligere 20 minutter, eller indtil kartoflerne og bønnerne er møre. Suppen skal være tyk. Lad det boble lidt længere, hvis det er nødvendigt, for at reducere, eller tilsæt lidt vand. Smag til og tilføj mere krydderi efter din smag. Server suppen med brød og lidt citronsaft og friskhakket koriander eller zhoug.

89. Fisk og skaldyr & fennikelsuppe

Gør: 4

INGREDIENSER
- 2 spsk olivenolie
- 4 fed hvidløg, skåret i tynde skiver
- 2 fennikelløg (10½ oz / 300 g i alt), trimmet og skåret i tynde skiver
- 1 stor voksagtig kartoffel (7 oz / 200 g i alt), skrællet og skåret i 1,5 cm store terninger
- 3 kopper / 700 ml fiskefond (eller kylling eller grøntsagsfond, hvis det foretrækkes)
- ½ medium konserveret citron (½ oz / 15 g i alt), købt i butikken eller se opskriften
- 1 rød chili, skåret i skiver (valgfrit)
- 6 tomater (14 oz / 400 g i alt), skrællet og skåret i kvarte
- 1 spsk sød paprika
- godt nip safran
- 4 spsk finthakket fladbladet persille
- 4 fileter havaborre (ca. 10½ oz / 300 g i alt), skind på, skåret i halve
- 14 muslinger (ca. 8 oz / 220 g i alt)
- 15 muslinger (ca. 4½ oz / 140 g i alt)
- 10 tigerrejer (ca. 8 oz / 220 g i alt), i deres skal eller pillede og udhulet
- 3 spsk arak, ouzo eller Pernod
- 2 tsk hakket estragon (valgfrit)
- salt og friskkværnet sort peber

INSTRUKTIONER
a) Kom olivenolie og hvidløg i en bred, lavrandet bradepande og steg ved middel varme i 2 minutter uden at farve hvidløget. Rør fennikel og kartofler i og kog i yderligere 3 til 4 minutter. Tilsæt bouillon og konserveret citron, smag til med ¼ tsk salt og lidt sort peber, bring det i kog, læg låg på og kog over svag varme i 12 til

14 minutter, indtil kartoflerne er kogte. Tilsæt chili (hvis du bruger), tomater, krydderier og halvdelen af persillen og kog i yderligere 4 til 5 minutter.

b) Tilsæt op til yderligere 1¼ kopper / 300 ml vand på dette tidspunkt, simpelthen så meget som nødvendigt for lige at kunne dække fisken for at pochere den, og lad det simre igen. Tilsæt havbars og skaldyr, dæk gryden til, og lad koge ret voldsomt i 3 til 4 minutter, indtil skaldyrene åbner sig, og rejerne bliver lyserøde.

c) Brug en hulske til at fjerne fisk og skaldyr fra suppen. Hvis den stadig er lidt vandig, så lad suppen koge et par minutter mere for at reducere. Tilsæt arak og smag til.

d) Kom til sidst skaldyr og fisk tilbage i suppen for at genopvarme dem. Server med det samme, garneret med resten af persillen og estragonen, hvis du bruger.

90. Pistacie suppe

Gør: 4

INGREDIENSER

- 2 spsk kogende vand
- ¼ tsk safran tråde
- 1⅔ kopper / 200 g afskallede usaltede pistacienødder
- 2 spsk / 30 g usaltet smør
- 4 skalotteløg, finthakkede (3½ oz / 100 g i alt)
- 1 oz / 25 g ingefær, skrællet og finthakket
- 1 porre, finthakket (1¼ kopper / 150 g i alt)
- 2 tsk stødt spidskommen
- 3 kopper / 700 ml hønsefond
- ⅓ kop / 80 ml friskpresset appelsinjuice
- 1 spsk friskpresset citronsaft
- salt og friskkværnet sort peber
- creme fraiche, til servering

INSTRUKTIONER

a) Forvarm ovnen til 350°F / 180°C. Hæld det kogende vand over safranetrådene i en lille kop og lad det trække i 30 minutter.

b) For at fjerne pistacieskallerne, blancheres nødderne i kogende vand i 1 minut, drænes, og mens de stadig er varme, fjernes skindet ved at trykke nødderne mellem fingrene. Ikke alle skind vil falde af som med mandler - det er fint, da det ikke påvirker suppen - men at slippe af med noget skind vil forbedre farven, hvilket gør den til en lysere grøn. Fordel pistacienødderne ud på en bageplade og steg i ovnen i 8 minutter. Fjern og lad afkøle.

c) Varm smørret op i en stor gryde og tilsæt skalotteløg, ingefær, porre, spidskommen, ½ tsk salt og lidt sort peber. Sauter ved middel varme i 10 minutter, under jævnlig omrøring, indtil skalotteløgene er helt bløde. Tilsæt bouillon og halvdelen af safranvæsken. Dæk gryden til, sænk varmen, og lad suppen simre i 20 minutter.

d) Læg alle på nær 1 spsk af pistacienødderne i en stor skål sammen med halvdelen af suppen. Brug en håndblender til at blende, indtil det er glat, og kom det derefter tilbage i gryden. Tilsæt appelsin- og citronsaft, opvarm igen og smag til for at justere krydderiet.

e) Til servering hakkes de reserverede pistacienødder groft. Kom den varme suppe over i skåle og top med en skefuld creme fraiche. Drys med pistacienødder og dryp med den resterende safranvæske.

91. Brændt aubergine & Mograbieh suppe

Gør: 4

INGREDIENSER
- 5 små auberginer (ca. 2½ lb / 1,2 kg i alt)
- solsikkeolie, til stegning
- 1 løg i skiver (ca. 1 kop / 125 g i alt)
- 1 spsk spidskommen, friskkværnet
- 1½ tsk tomatpure
- 2 store tomater (12 oz / 350 g i alt), flået og skåret i tern
- 1½ kopper / 350 ml kylling eller grøntsagsfond
- 1⅔ kopper / 400 ml vand
- 4 fed hvidløg, knust
- 2½ tsk sukker
- 2 spsk friskpresset citronsaft
- ⅓ kop / 100 g mograbieh, eller alternativ, såsom maftoul, fregola eller kæmpe couscous (se afsnittet om Couscous)
- 2 spsk strimlet basilikum eller 1 spsk hakket dild, valgfri
- salt og friskkværnet sort peber

INSTRUKTIONER
a) Start med at brænde tre af auberginerne. For at gøre dette skal du følge instruktionerne for Brændt aubergine med hvidløg, citron og granatæblekerner.
b) Skær de resterende auberginer i ⅔-tommer / 1,5 cm terninger. Opvarm omkring ⅔ kop / 150 ml olie i en stor gryde over medium-høj varme. Når det er varmt, tilsættes aubergineterningerne. Steg i 10 til 15 minutter, omrør ofte, indtil farvet over det hele; tilsæt lidt mere olie, hvis det er nødvendigt, så der altid er lidt olie i gryden. Fjern auberginen, læg dem i et dørslag til afdrypning og drys med salt.
c) Sørg for at have cirka 1 spsk olie tilbage i gryden, tilsæt derefter løg og spidskommen og sauter i cirka 7 minutter, mens du rører ofte. Tilsæt tomatpuréen og kog i endnu et minut, før du tilsætter tomater, bouillon, vand, hvidløg, sukker, citronsaft,

1½ tsk salt og lidt sort peber. Lad det simre forsigtigt i 15 minutter.

d) Bring imens en lille gryde med saltet vand i kog og tilsæt mograbieh eller alternativ. Kog indtil al dente; dette vil variere afhængigt af mærke, men bør tage 15 til 18 minutter (tjek pakken). Drænes og genopfriskes under koldt vand.

e) Overfør det brændte auberginekød til suppen og blend det til en jævn væske med en håndblender. Tilsæt mograbieh og den stegte aubergine, behold lidt til pynt til sidst, og lad det simre i yderligere 2 minutter. Smag til og juster krydringen. Serveres varm, med den reserverede mograbieh og stegte aubergine på toppen og garneret med basilikum eller dild, hvis du har lyst.

92. Tomat & surdejssuppe

Gør: 4

INGREDIENSER
- 2 spsk olivenolie, plus ekstra til slut
- 1 stort løg, hakket (1⅔ kopper / 250 g i alt)
- 1 tsk spidskommen frø
- 2 fed hvidløg, knust
- 3 kopper / 750 ml grøntsagsfond
- 4 store modne tomater, hakkede (4 kopper / 650 g i alt)
- en 14-oz / 400 g dåse hakkede italienske tomater
- 1 spsk superfint sukker
- 1 skive surdejsbrød (1½ oz / 40 g i alt)
- 2 spsk hakket koriander, plus ekstra til slut
- salt og friskkværnet sort peber

INSTRUKTIONER

a) Varm olien op i en mellemstor gryde og tilsæt løget. Sauter i cirka 5 minutter, under omrøring ofte, indtil løget er gennemsigtigt. Tilsæt spidskommen og hvidløg og steg i 2 minutter. Hæld bouillon i, begge typer tomat, sukker, 1 tsk salt og en god kværn sort peber.

b) Bring suppen til en let simre og kog i 20 minutter, tilsæt brødet, revet i stykker, halvvejs gennem kogningen. Til sidst tilsættes koriander og blendes derefter med en blender i et par pulser, så tomaterne nedbrydes, men stadig er lidt grove og tykke. Suppen skal være ret tyk; tilsæt lidt vand, hvis den er for tyk på dette tidspunkt. Server, dryppet med olie og drysset med frisk koriander.

93. Klar kyllingesuppe med knaidlach

Gør: 4

INGREDIENSER
- 1 fritgående kylling, ca. 4½ lb / 2 kg, delt i kvarte, med alle knoglerne, plus indmad, hvis du kan få dem, og eventuelle ekstra vinger eller ben, du kan få fra slagteren
- 1½ tsk solsikkeolie
- 1 kop / 250 ml tør hvidvin
- 2 gulerødder, skrællet og skåret i ¾-tommer / 2 cm skiver (2 kopper / 250 g i alt)
- 4 selleri stilke (ca. 10½ oz / 300 g i alt), skåret i 2½-tommer / 6 cm segmenter
- 2 mellemstore løg (ca. 12 oz / 350 g i alt), skåret i 8 terninger
- 1 stor majroer (7 oz / 200 g), skrællet, trimmet og skåret i 8 segmenter
- 2 oz / 50 g bundt fladbladet persille
- 2 oz / 50 g flok koriander
- 5 timiankviste
- 1 lille rosmarinkvist
- ¾ oz / 20 g dild, plus ekstra til pynt
- 3 laurbærblade
- 3½ oz / 100 g frisk ingefær, skåret i tynde skiver
- 20 sorte peberkorn
- 5 allehånde bær
- salt

KNAIDLACH (gør: 12 TIL 15)
- 2 ekstra store æg
- 2½ spsk / 40 g margarine eller kyllingefedt, smeltet og lad det køle lidt af
- 2 spsk finthakket fladbladet persille
- ⅔ kop / 75 g matzo måltid
- 4 spsk sodavand
- salt og friskkværnet sort peber

INSTRUKTIONER

a) For at lave knaidlach skal du piske æggene i en mellemstor skål, indtil de er skummende. Pisk den smeltede margarine i, derefter ½ tsk salt, lidt sort peber og persillen. Rør gradvist matzomelet i, efterfulgt af sodavandet, og rør til en ensartet pasta. Dæk skålen til, og afkøl dejen, indtil den er kold og fast, mindst en time eller to og op til 1 dag frem.

b) Beklæd en bageplade med plastfolie. Brug dine våde hænder og en ske til at forme dejen til kugler på størrelse med små valnødder og læg dem på bagepladen.

c) Kom matzokuglerne i en stor gryde med let kogende saltet vand. Dæk delvist med låg og skru ned for varmen. Lad det simre forsigtigt, indtil det er mørt, cirka 30 minutter.

d) Brug en hulske til at overføre knaidlachen til en ren bageplade, hvor de kan køle af, og derefter afkøles i op til et døgn. Eller de kan gå direkte i den varme suppe.

e) Til suppen trimmes eventuelt overskydende fedt af kyllingen og kasseres. Hæld olien i en meget stor gryde eller hollandsk ovn og svits kyllingestykkerne ved høj varme på alle sider, 3 til 4 minutter. Fjern fra gryden, kassér olien, og tør gryden af. Tilsæt vinen og lad den boble et minuts tid. Kom kyllingen tilbage, dæk med vand, og lad den koge meget blidt. Lad det simre i cirka 10 minutter, og fjern afskummet. Tilsæt gulerødder, selleri, løg og majroe. Bind alle krydderurterne i et bundt med snor og tilsæt i gryden. Tilsæt laurbærblade, ingefær, peberkorn, allehånde og 1½ tsk salt og hæld så nok vand i til at dække det hele godt.

f) Bring suppen tilbage til en meget blid simre og kog i 1½ time, skum af og til og tilsæt vand efter behov for at holde alt godt dækket. Løft kyllingen fra suppen og fjern kødet fra benene. Opbevar kødet i en skål med lidt bouillon for at holde det fugtigt, og stil det på køl; reservere til anden brug. Kom knoglerne tilbage i gryden og lad det simre i endnu en time, og tilsæt lige nok vand til at holde knoglerne og grøntsagerne dækket. Si den varme suppe og kassér krydderurter, grøntsager og ben. Lun den kogte knaidlach i suppen. Når de er varme, serveres suppen og knaidlachen i lave skåle, drysset med dild.

94. Krydret freekeh suppe med frikadeller

Gør: 6
FRIKKADELLER

INGREDIENSER
- 14 oz / 400 g hakket oksekød, lam eller en kombination af begge
- 1 lille løg (5 oz / 150 g i alt), fint hakket
- 2 spsk finthakket fladbladet persille
- ½ tsk stødt allehånde
- ¼ tsk stødt kanel
- 3 spsk universalmel
- 2 spsk olivenolie
- salt og friskkværnet sort peber
- SUPPE
- 2 spsk olivenolie
- 1 stort løg (9 oz / 250 g i alt), hakket
- 3 fed hvidløg, knust
- 2 gulerødder (9 oz / 250 g i alt), skrællet og skåret i ⅜-tommer / 1 cm terninger
- 2 selleri stilke (5 oz / 150 g i alt), skåret i ⅜-tommer / 1 cm terninger
- 3 store tomater (12 oz / 350 g i alt), hakkede
- 2½ spsk / 40 g tomatpuré
- 1 spsk baharat krydderiblanding (købt eller se opskrift)
- 1 spsk stødt koriander
- 1 kanelstang
- 1 spsk superfint sukker
- 1 kop / 150 g revnet freekeh
- 2 kopper / 500 ml oksefond
- 2 kopper / 500 ml hønsefond
- 3¼ kopper / 800 ml varmt vand
- ⅓ oz / 10 g koriander, hakket
- 1 citron, skåret i 6 skiver

INSTRUKTIONER
a) Start med frikadellerne. I en stor skål blandes kød, løg, persille, allehånde, kanel, ½ tsk salt og ¼ tsk peber sammen. Brug hænderne til at blande godt, form derefter blandingen til pingpong-kugler og rul dem i melet; du får omkring 15. Varm olivenolien i en stor hollandsk ovn og steg frikadellerne ved middel varme i et par minutter, indtil de er gyldenbrune på alle sider. Fjern frikadellerne og stil dem til side.

b) Tør panden af med køkkenrulle og tilsæt olivenolien til suppen. Ved middel varme steges løg og hvidløg i 5 minutter. Rør gulerødder og selleri i og kog i 2 minutter. Tilsæt tomater, tomatpure, krydderier, sukker, 2 tsk salt og ½ tsk peber og kog i 1 minut mere. Rør freekeh i og kog i 2 til 3 minutter. Tilsæt bouillon, varmt vand og frikadeller. Bring det i kog, sænk varmen, og lad det simre meget forsigtigt i yderligere 35 til 45 minutter, mens du rører det af og til, indtil freekeh er fyldig og mør. Suppen skal være ret tyk. Reducer eller tilsæt lidt vand efter behov. Til sidst smages til og krydringen justeres.

c) Hæld den varme suppe i serveringsskåle og drys med koriander. Anret citronbåde ved siden af.

DESSERT

95. Søde Filo Cigarer

Gør: OM 12 CIGARER
INGREDIENSER
- 1 kop / 80 g skivede mandler
- ½ kop / 60 g usaltede pistacienødder, plus ekstra, knust, til pynt
- 5 spsk vand
- ½ kop / 80 g vaniljesukker
- 1 stort fritgående æg, adskilt, hvidt pisket
- 1 spsk revet citronskal
- filodej, skåret i tolv 7½-tommer / 18 cm firkanter
- jordnøddeolie, til stegning
- ½ kop / 180 g honning af god kvalitet

INSTRUKTIONER
a) I en foodprocessor samles mandel og pistacie til en fin pasta. Kom de stødte nødder i en bradepande og tilsæt 4 spsk af vandet og sukkeret. Kog over meget lav varme, indtil sukkeret er opløst, cirka 4 minutter. Tag gryden af varmen og tilsæt æggeblomme og citronskal, og rør dem i blandingen.

b) Læg 1 stykke wienerbrød på en ren overflade. Fordel cirka 1 spsk af nøddeblandingen i en tynd strimmel langs kanten nærmest dig, efterlad 2 cm fri på venstre og højre side. Fold de to sider over pastaen for at holde den inde i begge ender og rul væk fra dig for at skabe en kompakt cigar. Stik den øverste kant ind og forsegl den med en lille smule af den piskede æggehvide. Gentag med dejen og fyldet.

c) Hæld nok olie i en bradepande til at komme 2 cm op ad siderne. Varm olien op over medium-høj varme og steg cigarerne i 10 sekunder på hver side, til de er gyldne.

d) Læg cigarerne på en tallerken beklædt med køkkenrulle og lad dem køle af. Kom honningen og de resterende 1 spsk vand i en lille gryde og bring det i kog. Når honningen og vandet er varmt, dyppes de afkølede cigarer let i siruppen i et minut og røres forsigtigt, indtil de er godt dækket. Fjern og anret på en tallerken. Drys med de knuste pistacienødder og lad dem køle af.

96. Purerede rødbeder med yoghurt og za'atar

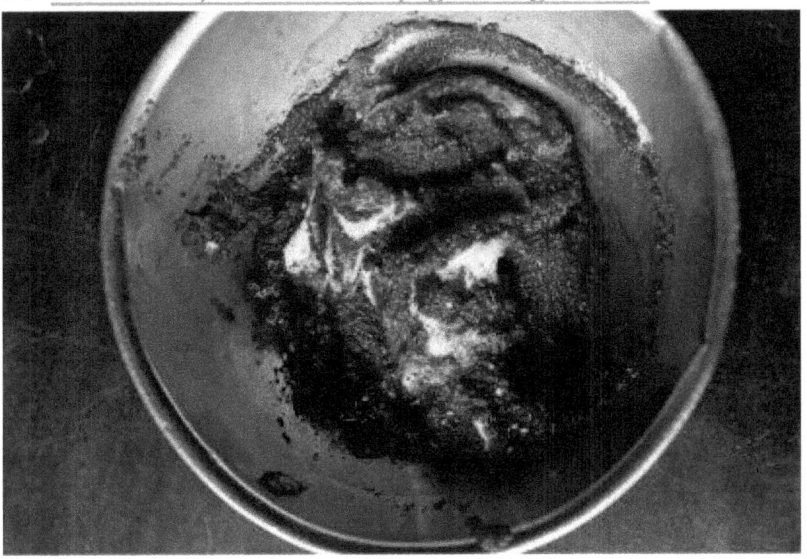

Gør: 6

INGREDIENSER
- 2 lb / 900 g mellemstore rødbeder (ca. 1 lb / 500 g i alt efter kogning og skrælning)
- 2 fed hvidløg, knust
- 1 lille rød chili, frøet og finthakket
- afrundet 1 kop / 250 g græsk yoghurt
- 1½ spsk daddelsirup
- 3 spsk olivenolie, plus ekstra for at afslutte retten
- 1 spsk za'atar
- salt

TIL AT GARNISERE
- 2 grønne løg, skåret i tynde skiver
- 2 spsk / 15 g ristede hasselnødder, groft knust
- 2 oz / 60 g blød gedemælksost, smuldret

INSTRUKTIONER
a) Forvarm ovnen til 400°F / 200°C.
b) Vask rødbederne og kom dem i en bradepande. Sæt dem i ovnen og kog uden låg, indtil en kniv let glider ind i midten, cirka 1 time. Når de er kølige nok til at håndtere, skrælles rødbederne og skæres hver i ca. 6 stykker. Lad det køle af.
c) Kom rødbeder, hvidløg, chili og yoghurt i en foodprocessor og blend til en jævn masse. Overfør til en stor røreskål og rør daddelsirup, olivenolie, za'atar og 1 tsk salt i. Smag til og tilsæt mere salt, hvis du har lyst.
d) Overfør blandingen til en flad serveringsplade og brug bagsiden af en ske til at fordele den rundt om tallerkenen. Fordel grønne løg, hasselnødder og ost ovenpå og dryp til sidst med lidt olie. Server ved stuetemperatur.

97. Ka'ach Bilmalch

Gør: 30 TIL 40 KIKS

INGREDIENSER
- 4 kopper / 500 g universalmel, sigtet
- 6½ spsk / 100 ml solsikkeolie
- 6½ spsk / 100 g usaltet smør, skåret i tern og lad det blive blødt
- 1 tsk hurtigt stigende aktiv tørgær
- 1 tsk bagepulver
- 1 tsk sukker
- 1½ tsk salt
- ½ tsk stødt spidskommen
- 1½ spsk fennikelfrø, ristet og meget let knust
- ca. 6½ spsk / 100 ml vand
- 1 stort fritgående æg, pisket
- 2 tsk hvide og sorte sesamfrø

DIPPESAUCE
- 1¼ oz / 35 g fladbladet persille (stængler og blade)
- 1 fed hvidløg, knust
- 2 spsk / 25 g lys tahini pasta
- ½ kop / 125 g græsk yoghurt
- 5 tsk / 25 ml friskpresset citronsaft
- knivspids salt

INSTRUKTIONER

a) Forvarm ovnen til 400°F / 200°C. Kom det sigtede mel i en stor skål og lav en fordybning i midten. Hæld olien i brønden, tilsæt smør, gær, bagepulver, sukker, salt og krydderier, og rør det godt sammen, indtil der dannes en dej. Tilsæt vandet gradvist under omrøring, indtil dejen er jævn. Ælt i et par minutter.

b) Beklæd en bageplade med bagepapir. Knib stykker af dejen til små kugler, ca. 25 g hver. På en ren overflade ruller du kuglerne til lange slanger, der er cirka 1 cm tykke og 12 til 13 cm lange. Form hver slange til en lukket ring og anbring på bagepladen, med en afstand på ca. 2 cm fra hinanden. Pensl hver ring med ægget og drys let med sesamfrø. Lad hæve i 30 minutter.

c) Bag kiksene i 22 minutter, indtil de er gyldenbrune. Lad dem køle af, før de opbevares i en ren krukke eller en lufttæt beholder. De holder i op til 10 dage.

d) For at lave dipsaucen skal du blot blende alle ingredienserne sammen for at få en ensartet grøn sauce. Tilføj en spiseskefuld eller deromkring vand, hvis saucen er meget tyk; du ønsker en flot belægningskonsistens.

98. Burekas

Gør: 18 SMÅ KAGER

INGREDIENSER
- 1 lb / 500 g smørdej af bedste kvalitet
- 1 stort fritgående æg, pisket

RICOTTA FYLDNING
- ¼ kop / 60 g hytteost
- ¼ kop / 60 g ricottaost
- ⅔ kop / 90 smuldret fetaost
- 2 tsk / 10 g usaltet smør, smeltet

PECORINO FYLD
- 3½ spsk / 50 g ricottaost
- ⅔ kop / 70 g revet lagret pecorinoost
- ⅓ kop / 50 g revet lagret cheddarost
- 1 porre, skåret i 2-tommer / 5 cm segmenter, blancheret indtil mør og finthakket (¾ kop / 80 g i alt)
- 1 spsk hakket fladbladet persille
- ½ tsk friskkværnet sort peber

FRØ
- 1 tsk nigella frø
- 1 tsk sesamfrø
- 1 tsk gule sennepsfrø
- 1 tsk kommenfrø
- ½ tsk chiliflager

INSTRUKTIONER

a) Rul dejen ud i to 12-tommer / 30 cm firkanter hver ⅛ tomme / 3 mm tykke. Læg kagepladerne på en bageplade beklædt med bagepapir – de kan hvile oven på hinanden, med en plade bagepapir imellem – og lad dem stå i køleskabet i 1 time.

b) Læg hvert sæt fyldingredienser i en separat skål. Bland og stil til side. Bland alle frøene sammen i en skål og stil til side.

c) Skær hver kageplade i 4-tommer / 10 cm firkanter; du skulle få 18 kvadrater i alt. Fordel det første fyld jævnt mellem halvdelen af firkanterne, og kom det på midten af hver firkant. Pensl to tilstødende kanter af hver firkant med æg, og fold derefter firkanten på midten for at danne en trekant. Skub eventuelt luft ud og klem siderne godt sammen. Du vil gerne presse kanterne meget godt, så de ikke åbner sig under tilberedningen. Gentag med de resterende kagefirkanter og det andet fyld. Læg på en bageplade beklædt med bagepapir og stil på køl i mindst 15 minutter for at stivne. Forvarm ovnen til 425°F / 220°C.

d) Pensl de to korte kanter af hver wienerbrød med æg og dyp disse kanter i frøblandingen; en lille mængde frø, kun ⅛ tomme / 2 mm brede, er alt, der skal til, da de er ret dominerende. Pensl også toppen af hver wienerbrød med lidt æg, undgå frøene.

e) Sørg for, at kagerne har en afstand på ca. 1¼ tommer / 3 cm fra hinanden. Bages i 15 til 17 minutter, indtil de er gyldenbrune overalt. Serveres lun eller ved stuetemperatur. Hvis noget af fyldet løber ud af kagerne under bagningen, skal du bare forsigtigt fylde det i igen, når de er kølige nok til at håndtere.

99. Ghraybeh

Gør: OM 45 COOKIES

INGREDIENSER
- ¾ kop plus 2 spsk / 200 g ghee eller klaret smør, fra køleskabet, så det er fast
- ⅔ kop / 70 g konditorsukker
- 3 kopper / 370 g universalmel, sigtet
- ½ tsk salt
- 4 tsk appelsinblomstvand
- 2½ tsk rosenvand
- ca 5 spsk / 30 g usaltede pistacienødder

INSTRUKTIONER
a)   I en røremaskine udstyret med pisktilbehøret flødes ghee og konditorsukker sammen i 5 minutter, indtil det er luftigt, cremet og bleg. Udskift piskeriset med piskeriset, tilsæt mel, salt, appelsinblomst og rosenvand, og bland i godt 3 til 4 minutter, indtil der dannes en ensartet, glat dej. Pak dejen ind i plastfolie og stil den på køl i 1 time.

b)   Forvarm ovnen til 350°F / 180°C. Klem et stykke dej, der vejer ca. ½ oz / 15 g, og rul det til en kugle mellem dine håndflader. Flad den lidt ud og læg den på en bageplade beklædt med bagepapir. Gentag med resten af dejen, anbring kagerne på beklædte plader og hold dem godt fra hinanden. Tryk 1 pistacie ind i midten af hver småkage.

c)   Bag i 17 minutter, og sørg for at småkagerne ikke tager farve, men bare koger igennem. Tag den ud af ovnen og lad den køle helt af. Opbevar småkagerne i en lufttæt beholder i op til 5 dage.

100. Mutabbaq

Gør: 6

INGREDIENSER
- ⅔ kop / 130 g usaltet smør, smeltet
- 14 ark filodej, 12 x 15½ tommer / 31 x 39 cm
- 2 kopper / 500 g ricottaost
- 9 oz / 250 g blød gedemælksost
- knuste usaltede pistacienødder, til pynt (valgfrit)
- SIRUP
- 6 spsk / 90 ml vand
- afrundede 1⅓ kopper / 280 g superfint sukker
- 3 spsk friskpresset citronsaft

INSTRUKTIONER

a) Forvarm ovnen til 450°F / 230°C. Pensl en bageplade med lav kant på ca. 28 x 37 cm med noget af det smeltede smør. Fordel et filoark ovenpå, læg det ind i hjørnerne og lad kanterne hænge over. Pensl det hele med smør, top med et andet ark, og pensl med smør igen. Gentag processen, indtil du har 7 plader jævnt stablet, hver penslet med smør.

b) Kom ricotta og gedemælksost i en skål og mos sammen med en gaffel, bland godt. Spred ud over det øverste filoark, og lad ¾ tomme / 2 cm frit rundt om kanten. Pensl overfladen af osten med smør og top med de resterende 7 ark filo, pensl hver efter tur med smør.

c) Brug en saks til at klippe ca. ¾ tomme / 2 cm af kanten, men uden at nå osten, så den forbliver godt forseglet i wienerbrødet. Brug fingrene til at stikke filokanterne forsigtigt ind under dejen for at opnå en pæn kant. Pensl med mere smør over det hele. Brug en skarp kniv til at skære overfladen i cirka 2¾-tommer / 7 cm firkanter, så kniven næsten når bunden, men ikke helt. Bages i 25 til 27 minutter, indtil de er gyldne og sprøde.

d) Mens dejen bager, tilberedes siruppen. Kom vand og sukker i en lille gryde og bland godt med en træske. Sæt over medium varme, bring i kog, tilsæt citronsaft og lad det simre forsigtigt i 2 minutter. Fjern fra varmen.

e) Hæld langsomt siruppen over dejen i det øjeblik du tager den ud af ovnen, og sørg for at den bløder jævnt ind. Lad afkøle i 10 minutter. Drys med de knuste pistacienødder, hvis du bruger, og skær i portioner.

KONKLUSION

Når vi når kulminationen af vores kulinariske rejse gennem "Den ultimative mellemøstlige kogebog", håber vi, at du har nydt det rige gobelin af smag, der definerer dette ekstraordinære køkken. Hver opskrift på disse sider er et vidnesbyrd om de gamle kulinariske traditioner, de forskellige regionale påvirkninger og det kunstneriske, der har formet mellemøstlig madlavning.

Uanset om du har glædet dig over de aromatiske krydderier fra en marokkansk tagine, nydt de cremede teksturer af libanesisk mezze eller forkælet dig med sødmen fra persiske desserter, stoler vi på, at disse 100 opskrifter har transporteret dig til hjertet af mellemøstlig kulinarisk fortræffelighed.

Ud over køkkenet, må de historier og traditioner, der er vævet ind i hver ret, blive hængende i din hukommelse og fremme en dybere forståelse for den kulturelle arv, der ledsager det mellemøstlige køkken. Mens du fortsætter med at udforske smagen af denne fængslende region, må dine kulinariske eventyr blive fyldt med glæde, opdagelse og den varige varme fra mellemøstlig gæstfrihed. Skål for at nyde 100 rige smagsvarianter og den tidløse tiltrækning ved "DET ULTIMATIVE MELLEMØSTLIGE KOGEBOG"!